Für Judi ♡

Doris

6. 8. 1986

Emer O'Sullivan, *1957, hat in Dublin und Berlin Germanistik und Anglistik studiert; sie arbeitet zur Zeit als Volkshochschuldozentin und freie Journalistin in Berlin.

Dietmar Rösler, *1951, hat in Berlin Germanistik und Publizistik studiert und am Dubliner University College Germanistik unterrichtet; arbeitet momentan an der FU Berlin als wissenschaftlicher Mitarbeiter; Gebiete: Linguistik, Deutsch als Fremdsprache.

Band 2 ‹I like you – und du?› erscheint unter dem Titel «It could be worse – oder?» (rotfuchs 374) im Oktober 1984.

Emer O'Sullivan / Dietmar Rösler

I like you – und du?

Eine deutsch-englische Geschichte
mit Fotos von Per Koopmann

Rowohlt

rororo rotfuchs

Originalausgabe

Redaktion Gisela Krahl
Umschlagfoto Per Koopmann
rotfuchs-comic Jan P. Schniebel

23.–30. Tausend Juli 1984

Veröffentlicht im Rowohlt Taschenbuch Verlag GmbH,
Reinbek bei Hamburg, Januar 1983
Copyright © 1983 by Rowohlt Taschenbuch Verlag GmbH,
Reinbek bei Hamburg
Umschlagtypographie Manfred Waller
Alle Rechte vorbehalten
Satz Garamond (Linotron 404)
Gesamtherstellung Clausen & Bosse, Leck
Printed in Germany
580-ISBN 3 499 20323 5

Inhalt

Ein ziemlich verkorkster Anfang   8

Picknick im Eimer   12

Die blöde Ziege und ihr Hund   23

Back to school   34

Afternoon coffee   46

Das Sex Kapitel   53

Chapter sex   53

Das exotische Schlagzeug   57

In der Disco   64

Ein guter Freund zur falschen Zeit   71

A night to remember   80

Und nu?   88

Plötzlich kriegten wir Lust, alles aufzuschreiben. Obwohl das ja eigentlich Quatsch ist: ich kann nicht genug Englisch, um es auf Englisch zu schreiben. Und Paddy, na, dessen Deutsch reicht auch noch nicht für eine Geschichte auf Deutsch. Aber versuchen wollten wir es dann doch. Und zwar jeder so, wie er kann. Man wird es dann schon verstehen. Vielleicht nicht Wort für Wort. Aber das macht nichts. Wenn man eine Geschichte in einer fremden Sprache liest, braucht man nicht jedes Wort zu verstehen. Hauptsache, man kriegt die Zusammenhänge mit.

Maybe we should introduce ourselves first. I'm Patrick O'Connor – just call me Paddy. I come from Wicklow, that's a town in Ireland. Four months ago my Mum and I came over to Berlin, um mit uns zu leben. Uns, das sind mein Vater und ich, Karin. Karin Förster. Ich lebe mit meinem Vater zusammen. Meine Eltern sind seit vier Jahren geschieden.

And my father died about ten years ago. I don't remember much about him. Well, last year my mother and Karin's father met when he was over in Ireland on business, and they started going out with each other. And they decided to see if they would like to live together. That's why my Mum and I came over here. It was a big change for us. Especially as I spoke so little German. So, four months ago, when we arrived, I met Karin for the first time.

Ja, und seither ist ziemlich viel passiert. Und wir haben uns, glaub ich, ganz schön geändert. Und da hat Maria gesagt, wir sollten das wirklich machen – alles einfach aufschreiben, das würde auch andere interessieren. Also, hier kommt sie: die echt zweisprachige Geschichte.

Ein ziemlich verkorkster Anfang

The airplane was flying low through the clouds. Destination Berlin. Patrick O'Connor, sitting beside his mother, felt sick. It was his first time in a plane, and he didn't like it very much.

«This is Captain Bradshaw speaking. We are now approaching Berlin-Tegel. We shall be landing on time at 21.05.»

Oh God. Only ten more minutes.

Nur noch zehn Minuten. Karins Vater hatte sie noch nie so aufgeregt gesehen. Richtig nervös. Auf dem Weg zum Flughafen hatten sie kaum ein Wort gesprochen. Und jetzt werden die anderen gleich landen. Karins letzte Augenblicke alleine mit ihrem Vater.

«Are you nervous, Paddy?» Maureen O'Connor asked her son.

«No», he lied, «but I'll be glad to get out of this plane.»

They were circling over the city of Berlin, waiting for the clearing to land. It was strange flying so low, being able to see houses and cars. And plenty of lights. A big city. The plane started to descend, and everyone held his breath until he heard the *thump thump* of the wheels touching the ground. They were in Berlin.

«Die müssen erst mal durch die Paßkontrolle durch, dann müssen sie ihr Gepäck abholen und es durch den Zoll bringen», sagte Robert Förster. Er sah durch die gläserne Wand und versuchte, seine irische Freundin und ihren Sohn zu erkennen. Karin fragte sich zum hundertstenmal, was für ein Typ dieser Paddy wohl sein mochte, wie er aussah, was für Interessen er hatte. Ob ihre Freunde ihn mögen würden? Und viel wichtiger, ob sie ihn gerne haben würde? Sie hatte ein Foto von ihm gesehen, und ihr Vater hatte ein bißchen von ihm erzählt, aber dadurch kriegt man auch keine Vorstellung davon, wie es ist, wenn man plötzlich mit irgend jemandem zusammen wohnen muß.

Paddy had met Robert Förster once already. He was alright, but what would his daughter be like? She was a year younger than him, but Paddy had heard that German girls behaved much older than Irish ones of the same age. He hoped she could speak some English. He was very worried about this whole business of having to speak German. After all, he had only learnt it for three years in school and his teacher, Brother John, couldn't even speak it himself.

Their passports had been checked, they had their luggage. All they had to do was go through Customs, and the Försters would be waiting for them. Paddy's mother smiled at him.

«Da sind sie, da sind sie!» rief Karins Vater und lief einer dunkelhaarigen Frau entgegen. Hinter ihr, etwas verloren, ein Junge. Das muß wohl Paddy sein, dachte Karin. Während sich ihre Eltern umarmten, sahen Karin und Paddy einander zum erstenmal an.

Robert Förster introduced everybody: «Maureen, Paddy, this is my daughter Karin. Karin, das sind Maureen und Paddy.»

«Hallo, Karin, ich habe schon viel von dir gehört.» Das war Maureen. Sie schien freundlich zu sein. Und Deutsch sprach sie auch. Nicht schlecht. Karin lächelte sie an. «Hallo.» Sie guckte Paddy an. Er hatte noch nichts gesagt. Er trat von einem Bein aufs andere, so als ob er nicht recht wußte, was er machen sollte. «Nett, Sie zu treffen», sagte er und bot Karin seine Hand an. Sie lachte: «Mann, zu so was wie mir sollst du doch *du* sagen!»

Paddy was surprised. Brother John always said you have to say ‹Nett, Sie zu treffen›, but Karin had laughed at him. He felt very stupid. He didn't understand all of what she said – she spoke so quickly – he only recognized the word *du*. So he shouldn't have said *Sie*. Damn Brother John anyway! He felt more awkward than ever. Karin looked so confident. She must think he was an idiot.

Sofort nachdem Karin ihn verbessert hatte, fühlte sie sich ziemlich blöd. Mensch, dachte sie, so was Beknacktes, da versucht der etwas auf Deutsch zu sagen und was mach ich? Ich spiele Lehrerin. Echt blöd. Vielleicht sprach er wirklich nicht viel Deutsch. «I'm sorry for bettering you», sagte sie.

«You mean correcting me?» A smile showed some relief. «Oh,

that's alright. I have to start learning sometime anyway.» Paddy didn't feel so bad now. At least she made mistakes, too.

«Ich hoffe, wir werden gute Freunde», fügte Karin hinzu. Irgendwie fand sie ihn nett.

«I hope so, too», said Paddy and smiled at her. Maybe things would work out after all.

Und was sage ich jetzt, dachte Karin. Scheißsituation. So was war ihr noch nie passiert. Sie wollte was auf englisch sagen, aber nichts kam. Knoten in der Zunge. Und auf deutsch? Ja, gut, aber was? Hast du einen guten Flug gehabt? oder: Wie war das Wetter in Irland? oder: Das ist also die Berliner Luft? Alles Quatsch. Nee, das ging nicht. Und dann diese Frau. Papa war plötzlich ganz anders. Ob er sich freute? Bestimmt. Eigentlich freute Karin sich auch – einen gleichaltrigen Bruder oder so findet man schließlich nicht alle Tage. Bruder? Ein komischer Bruder, den man nur angucken kann und der nichts sagt.

Paddy was thinking along the same lines. Karin probably wouldn't know anything about football. In Wicklow he didn't mix much with girls. They were all so silly. But what do you do all of a sudden when you get one as a sister – and even worse, one who speaks the wrong language? He never did like German in school. Brother John was an awful bore.

Robert Förster hatte inzwischen einen Gepäck-Trolly gefunden, und sie luden die O'Connors-Sachen darauf. Ganz schön viel Gepäck hatten sie mit. «We had to pay quite a lot of overweight», sagte Maureen O'Connor.

«Na ja. Wenn man nicht weiß, wie lange man bleiben wird ...» Während er das sagte, legte Robert den Arm um ihre Schulter. Sie schoben den Trolly Richtung Parkplatz. Karin und Paddy folgten.

The journey to the Försters' flat in the car didn't take long. It was dark, so all Paddy could see of Berlin was lots and lots of lights. Karin versuchte zu erzählen, was es da alles zu sehen gab, merkte aber bald, daß das alles zuviel für Paddy war.

The table was set for a meal, and lots of different breads and cheeses and salami-like things that Paddy had never seen before were on it. He was exhausted from the day's travelling, and went to bed very soon. In his dreams he was in an airplane flying very low over a city. His mother was sitting far away from him, talking to a man, and lots of girls were laughing at him, offering him pieces of cheese, saying «do call us *du*, do call us *du*!».

‹The table was set› ist gut! Da hab ich ganz schön lange dran gearbeitet gehabt. Papa war ja ganz ausgeflippt, ist den ganzen Tag nur durch die Wohnung getigert und hat ständig gemurmelt: ‹Hoffentlich geht das gut.›
Were you really looking forward to my coming?
O ja, aber als du dann da am Flughafen warst, na, ich weiß nicht, irgendwie hatte ich mir das alles anders vorgestellt. Toller.
I didn't want to come over here in the beginning, and I wasn't particularly dying to see you, either.
‹I wasn't particularly dying to see you, either!› Au Weia! Ich war nicht besonders sterbend, dich zu sehen, auch nicht. Mann, ihr habt 'ne komische Weise, euch auszudrücken, und dann so 'n Hammer an Grammatik!
Rubbish! English grammar is child's-play compared to German with all your der, die, das, dem, des, bla, bla ...
Gut, daß du nicht auf deutsch schreiben mußt ...
Nor you in English ...

Picknick im Eimer

Es hätte ein schöner Tag werden können. Karin, Paddy und seine Mutter schmierten gerade die Brötchen für ein Picknick am Wannsee, als Maureen O'Connor plötzlich etwas einfiel: «I nearly forgot. Robert hat mir gesagt, wir müssen uns bald bei der

Ausländerpolizei anmelden. Wir sind jetzt schon eine Woche hier. And we can't go tomorrow. After that is the weekend. Vielleicht sollten wir das heute machen. What do you think, Paddy, Karin?»

Paddy didn't like when his mother spoke German, but he knew that Karin felt a bit left out when Maureen only spoke English. So she tried to speak a bit of both. He wasn't happy about it.

«What's the Ausländerpolizei?» he asked. Maureen told him: «It's where foreigners have to go to register themselves.» Karin sagte: «Na ja, das können wir ja auf'm Weg nach Wannsee erledigen. So lange kann das doch nicht dauern, oder?»

Eine lange Schlange war das erste, was die drei von der Ausländerpolizei sahen. Arabisch und südländisch aussehende Leute in Massen vor einem riesigen Gebäude. An der Eingangstür ein Mann, der die Pässe kontrollierte und Nummern verteilte. Er besah sich die beiden irischen Pässe und fragte kurz: «Alle zusammen?»

«Ja», antwortete Maureen, «wir sind Mutter und Sohn.»

«Und hat Ihre Tochter keinen Paß?»

«Ich bin nicht ihre Tochter, und ich bin auch keine Ausländerin», fuhr Karin dazwischen.

«Dann hast du hier wohl auch nichts zu suchen, oder?»

Maureen erklärte, Karin gehöre zu ihnen. Der Mann grinste: «Ist wohl die kleine Freundin von dem Sohn, was? Alles verstanden. Zimmer dreihundertvierundzwanzig, dritter Stock, links. Der nächste, bitte.»

«What did he say about Karin?» Paddy asked Maureen.

«He thinks she's your girlfriend.»

«So was Blödes», sagte Karin und wurde auf einmal ganz rot. Paddy was blushing, too. «Come on you two tomatoes», Maureen laughed, «dritter Stock, links.»

Eine halbe Stunde mußten sie warten, um ein Formular zu bekommen. Dann gingen sie ins Wartezimmer.

«Füllen Sie das Formular aus, und kommen Sie dann wieder», hatte man ihnen gesagt.

Horrible bloody people, they are all so unfriendly, thought Paddy, what an awful place.

«Ziemlich schlimm, was?» sagte Karin. Es stank nach Zigarettenrauch, die Luft war dick, die Sonnenstrahlen quälten sich durch den Dunst.

«Why couldn't we be by the lake now?» asked Paddy. Sie dachten beide dasselbe. Nichts wie weg hier aus diesem schmutzigen Zimmer mit all den Menschen drin. Die Leute saßen auf den Stühlen, auf den Fensterbänken, Tischen und auf dem Boden. Meanwhile, Maureen started filling in the form. Soon Karin had to help. Name, Adresse, Geburtsdatum, das war alles kein Problem. Geburtsdaten der Eltern? Maureen staunte.

«Weiß Gott, wann meine Eltern geboren wurden. Meine Mutter hat am 24. Mai Geburtstag, aber in welchem Jahr wurde sie geboren?» – «Das kontrolliert ja doch keiner», meinte Karin, «schätz doch einfach.»

Maureen schrieb 1920. Und Paddys Opa ließen sie 1916 auf die Welt kommen. While Karin and Maureen worked together on the form, Paddy looked around. The room was full of people. They spoke languages that Paddy had never heard before. He guessed some of it must be Turkish. Karin said there were thousands and thousands of Turks in Berlin. He had never seen a Turk in Ireland.

Es knackte, und Krach kam aus dem Lautsprecher: «Myxtignischigruschigruw» oder so ähnlich, «Myxtignischigruschiguruw, Zimmer dreihunnerfünzig.» Fragezeichen auf allen Gesichtern. «Krumidase», bellte die Anlage jetzt, «Zimmer Nummer dreihunnervier.»

Ein Paar stand auf. «Die Zimmernummer nicht verstehen, bitte?»

«War dreihundert und was.»

«Ich hab drei und vier verstanden, aber mehr nicht», sagte einer, «Nummerngulasch ist das!» ein anderer.

Beside Paddy was a young woman with a form in her hand. She had been sitting there for a while now, but she hadn't written

anything. She saw Paddy looking at her. «Sprechen Deutsch?» she asked. Karin and Maureen were busy with their form.

«Ein bißchen», wagte Paddy. Sie reichte ihm das Formular. «Schreiben», forderte sie und sah ihn ernsthaft an. Oh God, Paddy thought. He didn't know what to do.

«Können Sie nicht verstehen?» fragte er und zeigte auf das Formular.

«Nix lesen, nix schreiben.»

Well, said Paddy to himself, I can only try.

«Name?» fragte er.

«Tostao»

«Bitte?»

«Tostao.»

If he didn't even understand her name, how could he hope to help her. Then he had an idea: «Paß», he said, and showed her his Irish Passport. She understood and gave him her Portuguese one. Her name was written on the first page. Her date of birth was easy to find, too. She was only four years older than him. He would never have thought so. Familienstand – what the hell was that? He would have to ask Karin.

«Karin, can you tell me what Familienstand means?»

«Aber wir haben das schon ausgefüllt. Maureen ist verwitwet.» Erst dann sah Karin, daß Paddy ein anderes Formular in der Hand hatte. «Was machst du denn da?» wollte sie wissen.

«I'm helping this woman. Now can you tell me what Familienstand means?»

«Na ja, es heißt, es heißt ... na, ob du verheiratest bist oder nicht oder geschieden oder verwitwet oder so was.»

Paddy verstand nicht ganz. Karin wandte sich an die Portugiesin. «Sind Sie verheiratet oder ledig?»

Die junge Frau schaute sie nur mit großen Augen an.

«O Gott, o Gott, warum muß ich bloß immer Sprachlehrerin spielen», seufzte Karin. Die Portugiesin und Paddy sahen einander verständnisvoll an. Karin versuchte es noch einmal:

«Verheiratet heißt ... ähm ...» sie zeigte auf den Ring an ihrem

Finger: «Ring!» Dann deutete sie auf Paddy: «Mann!» Sie wartete einen Moment. «Mann, Ring, Heiraten», sagte sie dann und hakte sich unter Paddys Arm ein. Jetzt standen sie da, als ob sie auf dem Standesamt wären. Die Frau lachte. Jetzt verstand sie.
«Sind Sie verheiratet?» fragte Karin erleichtert.
«Nein, nein» antwortete sie. Paddy also understood what Familienstand meant now. But he was a bit embarrassed because everyone had looked at them when they were playing married.
Karin had taken over now, and was helping the girl. «Nicht verheiratet, also ledig. Und Kinder haben Sie wohl auch keine, nicht?» Die Frau verstand sie wieder nicht. «Kind, Baby», sagte Karin und wiegte einen imaginären Säugling im Arm. Die Frau nickte und sagte «Baby, ja» und wiegte auch.
Ach, du liebe Zeit, dachte Karin, jetzt wird's aber kompliziert.
«This is hopeless», said Paddy, «maybe someone here helps people who can't fill in their own forms.»
«So jemand müßte es eigentlich geben», stimmte Karin zu, «warte, ich frag mal.»
Karin sah einen Mann mit einem Aktenstapel unterm Arm auf dem Gang entlanggehen.
«Darf ich Sie mal etwas fragen?» sagte Karin höflich. «Wir haben eine portugiesische Frau im Wartezimmer getroffen. Sie kann kaum Deutsch sprechen, und außerdem kann sie nicht lesen und schreiben. Kann ihr hier jemand helfen?»
Der Mann machte eine ungeduldige Bewegung. «Wenn die Leute nach Deutschland kommen, um bei uns ihr Geld zu verdienen, müssen sie dafür sorgen, daß sie mit unserer Sprache zurechtkommen. Wir sind hier kein Dolmetscher-Service. Sie muß das Formular mit nach Hause nehmen und sehen, daß sie dort jemanden findet, der es für sie ausfüllt. Wie ich die kenne, gibt es da sowieso mindestens zehn oder mehr sogenannte Familienmitglieder in einer Wohnung. Ich habe keine Zeit. Wo kämen wir denn da hin, wenn wir denen auch noch die Formulare ausfüllen würden.»
Karin war geschockt. Niyazi, ein Türke in ihrer Klasse an der

Schule, hat einmal von der Ausländerpolizei erzählt, aber damals hatte sie nur gedacht, der Niyazi, der erzählt halt gerne. Sie ging zurück. Paddy was still beside the Portuguese woman, but there wasn't much he could do. «Well?» he asked Karin when she came back.

«Nee», sagte sie, «es gibt hier keinen, der sich um sie kümmern kann. So 'n Saftladen.»

Die junge Frau lächelte Karin an. Karin lächelte zurück und zuckte mit den Achseln, um zu zeigen, daß sie ihr nicht weiterhelfen konnte. Mittlerweile war Maureen mit dem Ausfüllen fertig.

Eine ältere Frau nahm das Formular entgegen. «Frau Kunuhr also», sagte sie.

«O'Connor», korrigierte Maureen. «Der Name fängt mit dem ‹O› an. Es bedeutet *Sohn von*», erklärte sie freundlich.

«Interessiert mich überhaupt nicht, was was bedeutet. Keine Zeit dafür. Hier wird der Name unter C eingeordnet, und das O kommt hinten dran wie bei Goethe Komma von. Also, alle drei Kunuhr?»

«O'Connor bitte», Maureen lächelte, «und auch nicht alle drei.»

«Mein Name ist Förster», sagte Karin. «Ich bin mitgekommen, falls sie meine Hilfe beim Übersetzen brauchen oder so.»

Das gefiel der Frau nun überhaupt nicht: «Junge Frau, wozu sind wir denn hier, wenn nicht, um unseren Besuchern zu helfen?» Karin wollte etwas über die Frau im Wartezimmer sagen, verkniff es sich dann aber doch. Paddy winked at her as if to say «Don't mind the old cow», but with his left eye, so that the old cow couldn't see. Karin smiled at him.

Die Frau überprüfte das Formular. «Hier fehlt was. Wie lange haben Sie vor, in Deutschland zu bleiben?»

Maureen, Paddy und Karin looked at one another. «Well Paddy, how long are we going to stay?» Maureen grinned.

«Kann man das nicht einfach freilassen, wenn man nicht genau weiß, wie lange?» fragte Karin.

«Das gibt es nicht, nicht wissen, wie lange man bleibt. Und etwas freilassen auf einem Formular, das gibt's schon gar nicht!»

«Und wenn man soundso lange sagt und dann später doch länger bleiben will, was dann?» wollte Karin wissen.

«Junge Frau, das hier ist kein Supermarkt, wo es egal ist, ob man zwei oder drei Dosen Aufenthalt kauft und überhaupt, mischen Sie sich nicht in Angelegenheiten ein, für die Sie nicht zuständig sind. Nun, los, ich kann nicht den ganzen Tag warten. Bleiben Sie länger als sechs Monate?»

«Wir wissen es nicht», antwortete Maureen.

«Ich schreibe jetzt sechs Monate», sagte die Frau, «und damit basta.» Sie klang jetzt sehr ärgerlich: «Und nun hätte ich gerne Ihre Anmeldebestätigung, Ihre Verdienstbescheinigung und je ein Paßbild.»

Maureen was lost. «Anmeldebe...?»

«Ja, Anmeldebestätigung. Von der Polizei.»

«Aber wir sind hier doch bei der Polizei!» Maureen looked to Karin for help, but Karin didn't seem to understand either.

«Sie müssen sich doch in Ihrem Bezirk auf Ihrer Meldestelle anmelden, bevor Sie zu uns kommen. Und ich nehme an, Sie haben auch keine Verdienstbescheinigung mit. Paßbilder auch nicht, oder?» Sie schnalzte mit der Zunge und schrieb ganz groß auf einen Zettel:

Anmeldebestätigung
Verdienstbescheinigung
Je 1x Paßbild

«Kommen Sie wieder zurück, wenn Sie alles haben. Sie hatten hier aber heute wirklich noch gar nichts zu suchen. Reine Zeitverschwendung. Als wenn man nicht schon genug zu tun hätte!» Sie blickte angestrengt in ihre Papiere. Die drei gingen weg.

«So 'n Mist! Nun waren wir so lange in dem Saftladen, und was hat es gebracht? Nichts!» Karin war wütend. So ein Horrorhaus.

Paddy was totally frustrated: «Will someone tell me what the hell is going on? Why did she send us away?»

Maureen told him: «We have to go to our local police station first to get an Anmeldebestätigung. No, don't ask me what that is. I don't know myself.»

«Und was machen wir nun mit unserem Picknick?» fragte Karin, «es ist schon halb eins, und ich hab Hunger. Es wird ewig dauern, bis wir zum Wannsee kommen.»

Sie beschlossen, ein anderes Mal zum Wannsee zu fahren und jetzt diese blöde Anmelderei zu Ende zu bringen. Picknicken wollten sie im Bus, auf dem Oberdeck in der ersten Reihe.

«Eigentlich darf man im Bus nicht essen», erzählte Karin, aber der Fahrer schien nichts zu merken. Und das, obwohl er sie sehen konnte.

Schon bei der zweiten Busfahrt hatte Paddy begeistert herausgefunden, daß in den Bussen trickreiche Spiegel angebracht waren, mit denen der Fahrer den ganzen Bus überblicken konnte.

«My God, Karin, will you look at that», hatte er ganz aufgeregt zu Karin gesagt.

Karin fand es komisch, wie Paddy auf alles reagierte. Auf Dinge, die für sie völlig normal waren, die sie überhaupt nicht mehr merkte. Sobald sie sein «My God! Will you look at that!» hörte, wußte sie, daß er noch etwas entdeckt hatte, was es in Irland nicht gab. Das mußte ja ein primitives Land sein! Sie hoffte nur, daß er mit all seinen großen Entdeckungen fertig würde, bevor die Schule wieder anfing. Sie hatte keine Lust, ihn so in die Klasse mitzubringen. Die Clique würde ihn nur auslachen. Karin erinnerte sich, wie schwer es vor vier Jahren war, als sie nach der Scheidung mit ihrem Vater nach Berlin gezogen war. Es hatte ganz schön gedauert, bis sie sich an die Berliner in der Klasse und an deren Sprüche gewöhnt hatte. Immerhin, Paddy schien Fortschritte zu machen. Diese Busfahrt nahm er schon ganz cool.

In der Meldestelle gerieten sie an einen älteren Herrn.

«Was kann ich für Sie tun», fragte er freundlich. Maureen erklärte:

«Wir waren bei der Ausländerpolizei, und sie haben uns hierher geschickt. Wir sollen uns zuerst anmelden.»

«Gut, haben Sie das Anmeldeformular schon ausgefüllt?»

«Ja, das haben wir gemacht.» Maureen zeigte ihm das Formular, das sie bei der Ausländerpolizei ausgefüllt hatte.

«Nein. Das ist Ihr Formular für die Anmeldung bei der Ausländerpolizei. Sie brauchen hier ein anderes.»

«Also, noch mal ausfüllen?» fragte Maureen und sah auf einmal sehr müde aus.

«Ich befürchte, ja», war die Antwort. «Na gut, wenn's sein muß. Geben Sie mir bitte ein Formular.»

«Die haben wir hier nicht.»

Maureen looked quickly around the room. She once saw a programme on television in Ireland where a hidden camera filmed people's reactions in impossible situations. Maybe there was a German programme like it and it had decided to make fun of the three of them. It just couldn't be true that they didn't have the form here; the old man must be pulling her leg. But Maureen couldn't see any camera.

«Haben Sie etwas verloren?» fragte der Mann.

«Nein, nein. Wenn Sie diese Formulare nicht haben, wo bekommt man sie denn dann?» Maureen erwartete eine Antwort wie: Entschuldigen Sie den kleinen Scherz. Natürlich haben wir solche Formulare. Ich gebe Ihnen gleich eins. Statt dessen hörte sie:

«Die können Sie in jedem Schreibwarengeschäft kaufen.»

«Also, wir müssen jetzt in ein Schreibwarengeschäft gehen, das Formular kaufen und dann zu Ihnen zurückkommen. Ist das so richtig?» Maureen hat das Gefühl, sie würde da nie durchblikken.

«Ich glaube nicht, daß Sie sofort zu uns zurückkommen können. Das Formular muß noch von Ihrem Vermieter unterschrieben werden. Dann können Sie es uns zurückbringen.»

Erst als sie draußen waren, sprach Maureen wieder. «I think I'm going to go crazy. Now we have to buy an Anmeldeformular, get it signed by our landlord and bring it to this police station again. Then we have to get photos and a Verdienstbescheinigung – whatever that is – and then we can go to the Ausländerpolizei again. But all that will take weeks. Oh, I could just scream!» There were tears in her eyes. Karin und Paddy standen unbeholfen da. Paddy felt stupid because he couldn't help much when it came to doing things in German. Karin war das auch alles unklar, und sie schämte sich ein bißchen dafür, daß alles so kompliziert war. Sie wußte inzwischen von Maureen, daß es so was wie eine polizeiliche Anmeldung in Irland überhaupt nicht gab. Nur eine Ausländerpolizei, aber da hatte man alles in kurzer Zeit erledigt, und die Leute waren sehr freundlich. Das hatte ihr jedenfalls Onkel Wolfgang erzählt, der zwei Jahre in Irland gearbeitet hatte. Was müssen sie bloß von uns denken, dachte sie.

«Wißt ihr was», sagte Karin, «auch wenn es bei uns mit der Polizei nicht so gut klappt, es gibt eine Sache, die wir ganz toll machen können: Schwarzwälder Kirschtorte.»

«Schwarzwascherwas?» asked Paddy.

«Ich zeige sie euch. Jetzt gehen wir in eine Konditorei, kaufen uns drei dicke Stücke Torte und gehen nach Hause. Ich koche euch einen Kakao, und wir setzen uns hin, stopfen uns voll mit Schwarzwälder Kirschtorte und beschimpfen die Polizei. Wie wär's damit?»

«That's the best idea anyone has had all day», said Paddy.

I didn't think I behaved like that in the beginning. Was I really so surprised about everything?
Und wie! Mann, du bist fast ausgeflippt, als du zum allererstenmal einen ganz normalen Fahrplan an einer Bushaltestelle gesehen hast. Das war mir vielleicht peinlich. Die Leute dachten bestimmt, du nimmst sie auf'n Arm. Du hast richtig geschrien: ‹My God, Karin! And do the buses really come at those times?›

Als wenn es was Besonderes wäre, daß Busse 'nen Fahrplan haben und pünktlich kommen. Bloß in Irland gibt's das eben nicht.
Of course there are bus time-tables in Ireland, but they are only for the long-distance buses that go every two hours or so – like the one from Wicklow to Dublin. And even that doesn't guarantee that they come at the given times. What I was so surprised about, was that there are time-tables on city bus stops. I'd never seen that before. But that doesn't mean that Ireland is primitive. If you ever came over to see what it's like, I bet you'd keep saying: ‹Mensch, Paddy! Das ist ja irre; typisch irisch. So was würde man in Deutschland nie sehen›, or something like that, because things are just different, that's all.
Ja, ja, ich weiß, es ist eben anders und nicht einfach primitiver, aber damals bist du mir ganz schön auf den Wecker gefallen, als du alles so neu fandest.
I'd say your alarm-clock is pretty happy that I've changed a bit since then!
Nicht nur der Wecker, ich auch!

Die blöde Ziege und ihr Hund

«Na, was haben wir denn heute gelernt?» fragte Karin, als sie Paddy am Mittag nach seinem Deutschkurs abholte. Vier Stunden intensiv mußte der jeden Tag absitzen, und er schien große Fortschritte zu machen. Paddy war am Anfang nicht gerade begeistert von der Idee, jeden Vormittag der Ferien im Unterricht zu verbringen. Aber er sah ein, daß er ansonsten in Karins Schule nicht genug verstehen würde.

«Oh, sehr viel», antwortete Paddy. «But I am glad that I can speak English to you now. Four hours speaking German is really exhausting. For example, I learnt that I shouldn't always repeat what I hear you saying. This mornig I said: ‹Herr Hartmann ist ein dufter Typ›, and the teacher corrected me. She said ‹es heißt ein netter Herr› or maybe ‹ein netter Kerl›. But you always say ‹soundso ist ein dufter Typ›.»

Karin lachte: «Es können eben nicht alle so gut Deutsch wie ich.»

«And then I had to tell the class in German about Ireland.»

«Und wußten die, daß Irisch ’ne ganz andere Sprache ist als Englisch?» fragte Karin.

«Not at all», Paddy went on, «they thought Irish was an English dialect. They had never heard of celtic languages. And some even thought that Ireland was a part of England! It’s hopeless. And I had to try to explain everything with my few words of German.»

«Sei man nicht zu sauer auf die», antwortete Karin, «das mit der Sprache und daß da im Norden nicht einfach nur ein Religionskonflikt zwischen Katholiken und Protestanten läuft, wußte ich vorher auch nicht. Daß da eine lange Geschichte dahintersteckt, hast du mir erst erklären müssen.»

«You’re right», Paddy had to admit, «and I remember that I didn’t even know West-Berlin was an island in East Germany before I came here, either. As soon as you know about something, you think everyone else should know about it, too.»

Paddy wollte gerade weitererzählen, als Karin ihn unterbrach:

«Mist! Dahinten kommt Mariann. Hoffentlich sieht die uns nicht.»

«Who’s Mariann?» asked Paddy.

«Mariann», antwortete Karin, «ist eine ganz blöde Ziege. Und ’ne Streberin. Die macht nie was mit.»

Paddy didn’t know what *Ziege* or *Streberin* meant, but decided not to ask, because Mariann had seen them and was walking in their direction.

«Hallo, Karin!» – «Hallo, Mariann!»

Paddy just stood there. Karin stellte ihn vor:

«Das ist Paddy aus Irland. Er wohnt bei uns.»

Mariann sah traurig aus; sie lächelte Paddy aber schüchtern an und fragte:

«Sagt mal, habt ihr vielleicht meinen Hund gesehen?»

«Wie sieht er denn aus?» fragte Karin zurück.

«Er ist so 'ne Art Mischlingshund, schwarz-weiß und mittelgroß.»

«Du, Mariann, davon gibt's Tausende. Ist er dir weggelaufen?»

«Nee, so was würde er nicht machen. Er wartet immer auf mich. Ich glaube, jemand hat ihn geklaut.»

Au warte, dachte Karin, die spinnt vielleicht. In Berlin gibt es schließlich unendlich viele Hunde. Und jeden Morgen um halb zehn werden im Radio einige zum Verschenken angeboten. Alle Rassen. Warum sollte da jemand ausgerechnet Marianns Promenadenmischung klauen. Typisch Mariann. Immer mußte es bei ihr etwas Besonderes sein. Eine Eins in Mathe, eine in Deutsch, und ihren Köter verliert sie natürlich nicht einfach, der wird ihr geklaut. Mann, ging die ihr auf den Geist. Hoffentlich verzog sie sich bald wieder.

«Ich hatte ihn vor der Post angebunden, und als ich rauskam, war er weg», sagte Mariann. Sie schien den Tränen nahe.

«Wie heißt es», fragte Paddy leise.

«Er – er heißt Julio», antwortete sie.

Mannomann, dachte Karin, hat die vielleicht eine Phantasie. Einen Mischlingshund nennt sie Julio! Sie mußte sich das Lachen verkneifen. Paddy turned to her:

«Can't we help her look for Julio?»

Karin wurde wütend. Da wollte sie nichts mit Mariann und ihrem blöden Köter zu tun haben, und nun schlug Paddy doch tatsächlich vor, sie sollten mitsuchen.

«O. k.», sagte sie brummig. Mariann war erstaunt.

«Redet ihr etwa Englisch miteinander?» fragte sie Karin.

«Weißte», war die Antwort, «ich spreche Deutsch und Paddy versteht das meiste, und er spricht Englisch. Das läuft ganz gut so.» Karin tat ganz gelassen, so, als sei das die natürlichste Sache der Welt. Mariann hatte schließlich immer eine Eins in Englisch bekommen, und jetzt hatte sie, Karin, viel mehr mit dem Englischen zu tun.

«Warum spricht er nicht Deutsch oder du Englisch, dann braucht ihr die Sprachen nicht andauernd zu mischen?» fragte Mariann weiter.

«Weil es eben schwerer ist, die andere Sprache zu sprechen. Verstehen können wir beide mehr. Und außerdem macht Mischen Spaß.»

«Ich find das toll!» sagte Mariann, «so was habe ich noch nie gehört.»

Paddy had never seen Karin being so unfriendly. She was very cool to this girl Mariann. Paddy wondered why. She seemed to be quite nice. She was a bit shy and blushed when she talked, and she had a funny nervous way of looking up through her glasses. She was very worried about her dog.

«Ich hab schon überall rumgesucht und gerufen», sagte Mariann. Oh, ihm ist bestimmt was passiert.»

Paddy had an idea. But he didn't know if he could tell them about it in German. He preferred to speak English. But what about Mariann? Would she understand?

«If I speak English, can you understand me?»

«Oh, yes», said Mariann.

«Well, I think we should go to your house first. Maybe Julio has found his own way home. Do you live far away from here?»

«No, it's only five minutes by foot», antwortete sie.

«Das heißt nicht *by foot*, sondern *on foot*», korrigierte Karin, «*by bus*, *by car*, aber *on foot*. Haben wir schon längst gehabt.»

Bei Mariann machte es Karin richtig Spaß, Lehrerin zu spielen.

«It doesn't really matter», said Paddy, «I understood what she meant and that's the important thing.»

Das hörte Karin gar nicht gern. «Weißt du, Mariann», sagte sie, «ich finde es besser, mit Paddy auf deutsch zu quatschen. Er muß es ja schließlich auch lernen. Eigentlich ist es komisch, wenn wir beide alleine sind, läuft das mit den Sprachen, nur wenn noch jemand dabei ist, wird es kompliziert.»

Mariann wurde rot. Sie wußte nicht, was sie sagen sollte. Paddy was cross. He thought it was very mean of Karin to be so rude to Mariann and to give her the feeling that she wasn't welcome.

«I don't see why it's so complicated», he said, «I'll go on speaking English and the two of you can speak German. It's quite simple really. Anyway, do you think we should go to your house to see if Julio has found his way home?» Die beiden waren einverstanden.

Julio war aber nicht zu Hause. Jetzt wollten sie einen größeren Kreis um die Post herum absuchen und dabei Zettel an Bäume heften. Das war Paddys Idee. Mariann nahm Papier, Stifte und Heftzwecken mit.

«I have a dog in Ireland», said Paddy. «His name is Nipper and I used to go for a lot of walks with him. But I didn't bring him to Berlin. He is staying with my friend Kieran now.» Paddy looked a bit sad. He sometimes did, when he talked about Ireland or about his friend Kieran.

Daß Paddy einen Hund hatte, wußte Karin überhaupt noch nicht. Wahrscheinlich wollte er Mariann deswegen bei der Suche helfen. Mariann fragte Paddy:

«Wann bist du denn nach Berlin gekommen?» Paddy looked at Karin: «Around the beginning of July, wasn't it, Karin?»

«Ja, so ungefähr.»

«Und wie lange bleibst du?»

He laughed: «If this was a quiz, that would be the 8000 Mark question! I don't really know.»

«Und kommst du zu uns auf die Schule?»

«Ja. Ich bringe ihn mit. Er soll in unsere Klasse», mischte sich Karin ein.

«Sind deine Eltern auch mitgekommen, oder bist du alleine da?» Mariann blickte überhaupt nicht durch.

«My parents? Well, my father died when I was very young, and my mother is Karin's father's girlfriend. That's why we're in Berlin.» Paddy war das alles immer noch nicht ganz geheuer. Es war Mariann jetzt ein bißchen peinlich, daß sie so viel gefragt hatte.

Aber daß es auf so was hinauslaufen sollte, hatte sie auch nicht gedacht. Gerade sie wußte, wie schlimm es sein kann, wenn man über seine Eltern ausgefragt wird ...

Sie waren jetzt schon einige Zeit herumgelaufen. Julio hatten sie immer noch nicht gefunden, aber dafür an viele Bäume bunte Zettel geheftet, mit Daumenzwickern, wie Paddy die Heftzwecken genannt hatte, wobei er sehr stolz auf seine Übersetzung von thumb-tacks gewesen war.

WER HAT JULIO GESEHEN?

Julio ist ein lieber Mischlingshund mittelgroß, mit weißen Hinterpfoten, schwarzen Vorderpfoten, und schwarz-weißem Körper.

Bitte rufen
Sie an:
Mariann Mehlmann
Tel. 6918244

Als Paddy am nächsten Tag von seinem Deutschkurs zurückkam, fragte er Karin: «Do you think Mariann has got her dog back yet?»

«Hab nicht darüber nachgedacht», antwortete Karin gelangweilt.

«I think we should phone her to see.»

«Du spinnst wohl! Dann müssen wir vielleicht noch einen Nachmittag mit ihr rumziehen, bloß weil sie ihren blöden Köter noch nicht gefunden hat.»

«I don't know why your are so bloody unfriendly. You don't have to waste any more of your precious time. I'll help her by myself.» Paddy got angry.

«Na klar machst du das. Mußt bloß aufpassen, daß du dich nicht verläufst wie neulich. Du findest ja nicht einmal den Weg zu

Mariann, wenn ich nicht dabei bin. Ich bin nicht dein Kindermädchen. Ich habe keine Lust, dich überall hinzuschleppen.»

«Do you think I want to be with you all the time? I'm telling you, you wouldn't see much of me, if I knew my way around already. I am going to phone Mariann now and see if she wants my help.» Paddy left the room.

Na, so was, dachte Karin. Daß es ihr nicht immer Spaß machte, ihn dauernd bei sich zu haben, wußte sie. Aber darauf, daß er auch lieber was anderes machen würde, war sie nicht gekommen. Gut, soll er doch diesmal alleine mit Mariann den Hund weitersuchen. Wo hatte er eigentlich die Telefonnummer her? Er mußte sie sich gestern wohl gemerkt haben. Interessant. So. So. Aber Paddy und Mariann? Das konnte Karin sich nun doch nicht vorstellen.

«My God», Paddy war wieder da, «that's very strange!»

«Was war denn?»

«A man phoned Mariann to say that Julio was a stupid dog.»

«Was?»

«Yeah, that he was stupid because he didn't obey orders. He won't do anything the man tells him to do. So Mariann is to come and collect him. It sounds wierd.»

«Das kannste aber laut sagen. Was will sie denn jetzt machen?»

«Well, she's a bit afraid to go there by herself, so I said I'd go with her. I think she's pleased. I'm going over there now.»

Karin fand das gar nicht lustig. Jetzt hatte sie gesagt, sie macht nichts mehr mit Paddy, und schon hat der tolle Sachen vor.

«Dürfte ich vielleicht auch mitkommen?» fragte sie.

Paddy laughed: «Of course you can. But remember, it's me who's *schlepping* you *rum* this time, not the other way around.»

«Alles klar», grinste Karin.

Mariann freute sich, als die beiden ankamen.

«Sag mal», sagte Karin, «was will der Typ eigentlich?»

«Keine Ahnung. Er hat Julio mit nach Hause genommen und ärgert sich jetzt darüber, daß er nichts mit ihm anfangen kann. Bekloppt, wa?» Sie gingen los.

Es war ein verkommener Altbau, in dem es widerlich stank.

«Er hat gesagt, Hinterhof, 3. Stock links», erklärte Mariann. Oben angekommen, zeigte sie auf das Türschild: «‹Bläulich› – hier ist es.» Sie hörten einen Hund bellen. «Das ist Julio», freute sich Mariann. Gleichzeitig aber hatte sie Angst. Sie klingelten. Ein Mann, mitte Vierzig, unrasiert, in alten Jeans mit einem schmutzigen Hemd ohne Knöpfe machte auf.

«Was ist?» fragte er.

«Ich bin die Mariann. Ich komme wegen Julio. Ich mein, ich will Julio abholen.» Marianns Stimme zitterte ein wenig. Paddy stellte sich neben sie.

«Du hast nicht gesagt, daß du die ganze Klasse mitbringst», sagte der Mann.

«Wir sind nicht die ganze Klasse, wir sind bloß zwei Freunde von der Mariann», antwortete Karin. Freunde – na ja, dachte sie, was man so Freunde nennt. Aber verglichen mit dem Kotzbrokken vor ihr war Mariann sicher eine Freundin.

«Du brauchst dich hier nicht einzumischen», brüllte Herr Bläulich, «das hier ist eine Sache zwischen Mariann und mir. Wollt ihr etwa die ganze Zeit vor der Tür stehen bleiben? Kommt rein und seht nach, ob das der richtige Hund ist.»

Alle drei gingen in die Wohnung hinein. Paddy had only ever seen sparkling flats and nice furniture in Germany. But this flat! They were standing in a room which was a living-room and a kitchen at the same time. There was a sink piled full with dirty plates and cups, and one corner was taken over by a hundred empty beer bottles. The room was dark, but after a while Paddy saw that there was a mattress on the floor in another corner. The bed cover was in a ball on the floor along with lots of dirty clothes. On a small table, the left-overs of an old meal were going mouldy. The whole flat looked dirty and sticky.

Julio bellte sich halb kaputt, als er Mariann sah. Und sie war unheimlich froh, ihn wieder auf den Arm nehmen zu können.

«Er muß Hunger haben», sagte der Mann, «er hat nichts gefressen, seit er hier ist.»

No wonder, thought Paddy. I wouldn't eat anything here either. I'd rather die. Good dog! He even looked a bit like Nipper. Maybe he could go for walks with him and Mariann. But first of all he'd like to leave this awful flat.

«Ich bring ihn gleich nach Hause und geb ihm was zu essen», sagte Mariann und wandte sich zur Tür.

«Nicht so schnell, junge Frau», sagte der Mann und grinste böse, «du meinst doch nicht, daß ich dich einfach so mit dem Hund weglaufen lasse. Was habe ich davon? Nee, ich hab den Hund schließlich gefunden. Meistens gibt es eine Belohnung für so was.» Er ging näher auf Mariann zu.

«Ich weiß nicht, was Sie meinen», stotterte Mariann und machte einen Schritt rückwärts, «also, ich habe kein Geld dabei, aber ich könnte Ihnen etwas schicken.»

«Es muß ja nicht unbedingt Geld sein», sagte der Mann langsam und kam noch näher, «es gibt doch was viel Schöneres.»

Paddy didn't understand what was happening but he didn't like it. He moved between Mariann and the man.

«Und ihr beiden», sagte der Mann und schob Paddy aus dem Weg, «verschwindet schleunigst aus meiner Wohnung. Mariann und ich haben noch privat was zu bereden.»

Paddy was really frightened now. Karin lehnte scheinbar ganz ruhig an der Wand, die Hände in den Taschen. Sie sah den Mann groß an und sagte gelassen: «Wissen Sie, wenn ich an Ihrer Stelle wäre, würde ich sehr, sehr vorsichtig sein. Mein Vater ist nämlich Polizeibeamter. Wir haben ihm die ganze Geschichte erzählt, die Sache mit dem Hund und dem Telefonanruf, und er fand das alles ein bißchen komisch. Er ist mitgekommen und wartet unten auf uns. Und wenn wir in zehn Minuten nicht wieder unten sind, hat er gesagt, dann kommt er hoch. Ich glaube, die zehn Minuten sind jetzt um.»

Herr Bläulich fuhr sich nervös durchs Haar. «Was soll denn das?» sagte er, «ich hatte doch nie was anderes vor, als euch jetzt gehen zu lassen, oder?»

«In Ordnung», sagte Karin, Mariann drückte Julio fest an sich, und die drei verließen die Wohnung. Der Mann stand in seiner Tür und sah ihnen nach.

Als sie draußen waren, fing Karin an zu zittern. Sie sah auf einmal sehr blaß aus. «Ich dachte, er würde mir nicht glauben und fragen: Wo ist er denn, dein Vater? oder: Dann laßt uns mal auf ihn warten. Ich habe so 'n Schiß gehabt.»

«Das hast du toll gemacht», sagte Mariann, «ich hab gedacht, jetzt ist alles vorbei. Mein Gott, wenn ihr nicht dabei gewesen wäret, dann ...» Plötzlich fing sie an zu weinen.

Ohne zu sprechen gingen sie weiter, bis sie eine Bank fanden. Nachdem sie einige Zeit dort gesessen hatten, fragte Karin:

«Sag mal: Warum hast du nicht daran gedacht, deinen Vater mitzunehmen?»

Mariann fing an, Julio noch mehr zu streicheln. «Mein Vater wohnt nicht mehr bei uns», sagte sie leise und wurde rot, «er und meine Mutter lassen sich scheiden.»

«Es tut mir leid, Mariann», sagte Karin, «das war eine blöde Frage.»

«Macht nichts.» Mariann stand auf. «Ich glaube, ich sollte Julio jetzt was zu essen geben. Vielen Dank noch mal. Ich weiß nicht, was geschehen wäre, wenn ... na, ihr wißt schon. Bis nächste Woche in der Schule dann, o. k?»

«O. k.», antwortete Karin.

Paddy hadn't said a word since they had escaped from the flat. He just sat on the bench, his head in his hands, feeling sick. He wished he was back in Ireland.

«Scheiß-Scheidungen», sagte Karin und spuckte auf den Boden. They went home in silence.

Back to school

«Au weia», stöhnte Karin, «willste mir das wirklich antun? Ich kann dich doch nicht so mit in die Schule nehmen.»

Paddy didn't understand what she meant. He had put on his *good* clothes – grey trousers, white shirt, light blue tie and navy-blue jacket. He knew that they had no school uniform here, so he was wearing the clothes he thought most suitable. It was going to be his first day in a German school.

«What's the matter? Am I not neat enough?» he asked.

«Nein», rief Karin und schlug sich mit der Hand vor die Stirn, «zu ordentlich bist du. Viel zu ordentlich. Du arbeitest doch nicht auf einer Bank. Kannste nicht einfach was Normales anziehen?» Sie trug die gleichen Klamotten, die sie schon in den Ferien immer angehabt hatte. Paddy was amazed. «Na, geh schon, zieh dich schnell um, sonst kommen wir noch zu spät zu deinem ersten großen Auftritt.»

When Paddy came back to the breakfast table in his jeans, he had a photo in his hand. He showed it to Karin: «You see, this is what we look like in Ireland when we're at school. That's Brother John in the middle.»

Karin staunte. Sie wußte, daß Paddy wie die meisten Jungen in Irland auf einer reinen Jungenschule war, die von Priestern geleitet wurde, und daß die Mädchen von Nonnen unterrichtet wurden. Aber so ein Bild hatte sie nicht erwartet: Lächelnde Jungen reihenweise, alle ordentlich gekämmt, Hosen mit Bügelfalten, Jacket und Schlips; alle sahen gleich aus bis auf den großen Mann in Schwarz, den Priester. «Mit dem Bild kannste bei uns einen Lacherfolg kassieren», sagte sie, «einen Auslach-Erfolg. Laß das bloß nicht die Scherzkekse in der Klasse sehen.»

Karin erinnerte sich daran, wie schwer es war, in die Klasse neu reinzukommen. Vor vier Jahren hatte sie mitgekriegt, wie manche ihrer jetzigen Freunde sie als Neuling erst mal ganz schön auseinandergenommen hatten. Und sie sprach immerhin

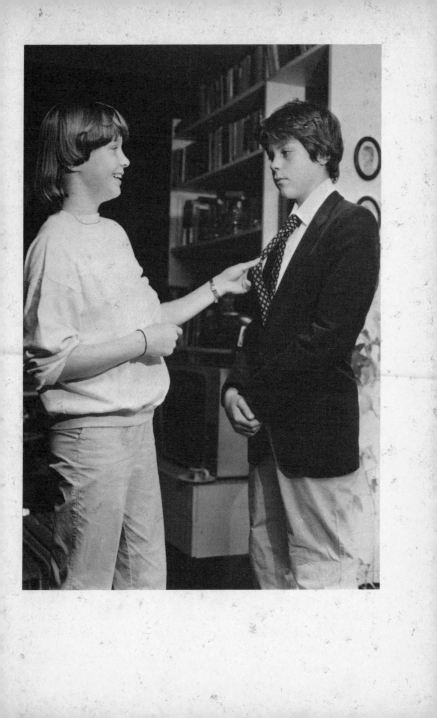

Deutsch, auch wenn sie auf die dauernden Sprüche am Anfang keine Antwort wußte. Armer Paddy. Na ja, er würde es überleben und mußte es alleine durchstehen. Sie wollte sich jedenfalls nicht wegen ihm vor ihren Freunden blamieren.

It was loud in the classroom. Everyone was happy to see his or her friends again after the long holidays. Paddy didn't know what to do with himself. Karin had introduced him to a few people: «Das ist Paddy aus Irland. Er wohnt jetzt bei uns», but they weren't interested in him. They wanted to chat with Karin. And Karin wanted to talk to Theo. Paddy saw Mariann sitting alone. He went over to her. «Hello, Mariann», he said.
Mariann blushed. «Hallo, Paddy, wie geht's?»
«Well, it's all a bit strange – the new school and all these people.»
«Ej, Mann, was hören meine verstopften Ohren denn da für 'ne Sprache», brüllte jemand hinter Paddy.
«Wenn du nicht so dumm wärst, wie du lang bist, wüßtest du, daß das Englisch ist», sagte dessen Nebenmann.
«Aber wir sind hier nicht in England, oder? Wieso redet der dann in unserer Klasse Englisch. Ich brech gleich zusammen.»
Mariann drehte sich um: «Gott, seid ihr heute wieder lustig! Das ist Paddy, und er spricht Englisch, weil er aus Irland kommt.»
«Und warum spricht er dann nicht Irisch, Frau Klugscheißer?»
Mariann gab keine Antwort. Paddy asked her: «Is the seat beside you free?» Sie nickte, und Paddy setzte sich hin.
«Guten Morgen. Ich sehe gleich, wie froh ihr alle seid, daß die Ferien endlich vorbei sind.» Alle stöhnten. Es war Herr Mache, der Geo-Lehrer. Paddy stood up automatically when he saw the teacher coming in. When he noticed that he was the only one, he quickly sat down again. Luckily not many people had seen him.
Aber Theo lachte lauthals:
«Ist ja scharf, die Iren haben noch Respekt vor dem Herrn Lehrer!»
Paddy blushed. The teacher was now talking to the class. At least Paddy had stopped himself from automatically making the sign

of the cross and saying a prayer. They always said a prayer before class in Ireland.

«Wo ist Niyazi?» fragte Herr Mache.

«Bestimmt in der Türkei geblieben», sagte einer.

Paddy thought to himself, what a funny name, Niyazi, but then he realized that his friends' names – Kieran, Ruarí, Desmond, Colm – would sound just as funny to the Germans.

«Ich habe gehört, wir haben einen Neuen hier aus Irland. Wo ist er denn?» Paddy stood up. «Hoffentlich wirst du dich bei uns wohl fühlen. Wie heißt du denn?»

«Paddy O'Connor, sir.» Paddy couldn't help it. You always answered questions with *sir* – unless a priest had asked. Then you said *brother* or *father*.

Alle lachten. «Der Mache kommt sich jetzt bestimmt wie ein englischer Lord mit 'nem Schloß vor», rief Theo. «A cup of tea, Sir Mache?»

«Nun mal langsam, Herr Theo Trenk», sagte Herr Mache und betonte das *Herr* ganz besonders, «bloß weil wir im Deutschen keine entsprechende höfliche Redewendung haben, heißt es nicht, daß ihr euch wie Ignoranten benehmen könnt. Alle haben ihr *sir*, *monsieur* oder *señor*. Nur bei uns gibt es *mein Herr* seit langem nicht mehr.»

Paddy was still standing.

«Setz dich hin, Paddy. Du kommst also aus Irland?»

«Ja.» This time without ‹sir›. Paddy was learning.

«Mal sehen, was deine klugen Kollegen über Irland wissen. Na, schießt mal los.»

They all answered at once. Paddy was very surprised. The teacher didn't even have to ask them by name.

«Da ist alles grün.» – «Die Iren saufen wie die Löcher.» – «Sie sollen freundlich sein.» – «Haben alle rote Haare und Sommersprossen.» – «Waschen sich mit *Irischem Frühling* . . .»

«Werbefernsehen scheint ihr ja mal wieder gut drauf zu haben», lachte Herr Mache. «Stimmt das, was sie sagen, Paddy?»

«Nein . . . äh, eine Sache stimmte.»

«Welche denn?»

«Die Iren sind sehr freundlich.»

Alle lachten. «Ich sehe schon, wir müssen bald eine Stunde über Irland machen. Paddy wird uns bestimmt viel erzählen können. Übrigens – ist Irland in der EG?»

Wieder kamen unglaubliche Antworten: «Nee, glaub ich nicht.» – «Ist viel zu weit weg.» – «Muß sein. Es gehört doch zu England, oder?»

«O Gott, o Gott. Es ist hoffnungslos mit euch. Seht ihr denn nie die Tagesschau? Irland ist Mitglied in der EG und gehört überhaupt nicht zu England. Nordirland ist zur Zeit ein Teil des Vereinigten Königreichs, der Rest ist eine Republik. Aber das werden wir beim Thema Irland bald genauer unter die Lupe nehmen. Und nun zu unserem heutigen Thema.»

Paddy was happy when Herr Mache changed the subject. He was terrified he would have to explain something in German in front of the class. His German was getting better, but he was very nervous, even when the teacher had only asked his name.

The next class was history, and the teacher welcomed Paddy again. This time he had to explain whereabouts in Ireland he came from. Everyone had heard of Dublin, but they didn't know Wicklow at all. He said: «Wicklow ist unter Dublin», and the joker in the class had said: «Man nimmt eine Schaufel, geht nach Dublin und fängt an zu graben. Nach einer Weile kommt man in Wicklow an.»

«Halt die Schnauze», sagte Karin, «du weißt, was er meint. Wenn man auf die Landkarte sieht, liegt Wicklow unter Dublin.» Paddy was glad that Karin helped him.

Während der nächsten Pause aber war Paddy für Karin Luft. Sie sprach überhaupt nicht mit ihm, sondern kümmerte sich fast ausschließlich um Theo. Sie wollte wissen, was er im Urlaub gemacht hatte, wann er sich den Ring ins Ohr hatte machen lassen und lauter so Sachen.

Paddy felt very depressed. He didn't know anyone in the class except Mariann. And she had to go somewhere in the break. He had found the two classes frustrating because there were a lot of things that he didn't understand. And now Karin didn't even ask him how he was getting on. Oh well, the next class was English. That should be no problem for him.

He had asked Karin what the English teacher – Herr Lieberwein – was like and she had told him: «Silke sagt, das ist auch so 'n blöder Apo-Opa, aber ich find ihn ganz nett.» Paddy was surprised. Everything Silke had said so far was gospel for Karin. Silke lived in the flat next door and was in her final year at school. Silke was against nuclear power-stations, against building new motorways, Silke liked German rock, Silke liked girls with henna in their hair. And Karin always seemed to agree with what Silke said. But she didn't agree with her about Herr Lieberwein.

«What is an Apo-Opa?» Paddy had asked.

«Na ja, wie soll man das erklären. Apo-Opas sind Leute, die ganz schön alt sind und so einen auf jung und nett und freundlich tun. Und immer alles politisch sehen. Aber Fünfen würgen sie dir genauso rein wie jeder andere auch. Aber der Lieberwein ist gar nicht so schlecht.»

Die Lehrer hatten bisher einen guten Eindruck auf Paddy gemacht. Sie waren alle ziemlich cool und trugen Jeans. Während der Geschichtsstunde von Herrn Kross hatte ein Mädchen ihren Walkman angemacht. Herr Kross hatte einfach gesagt, er wolle sie mit seinem Geschichtsunterricht nicht stören. Sie könne nach nebenan gehen und dort Musik hören. Das Mädchen war rausgegangen. Paddy couldn't believe it. In Ireland the teacher would have taken the walkman away and sent the listener to the principal. They seemed to do things differently here.

Als Herr Lieberwein reinkam, dachte Paddy schon gar nicht mehr dran, aufzustehen.

«I would like to welcome our guest from Ireland», he said, «I don't think he'll have much of a problem with English! But I'm sure some of you have forgotten yours over the holidays. I have a game for you today which will help you to get used to English again.»

«Great! Does he always speak English in class?» whispered Paddy to Mariann.

«Nee, nicht immer. Der macht es ganz gut. Bei einer Regel oder wenn's schwer wird, spricht er auch Deutsch. Hängt davon ab, wieviel wir verstehen.» Paddy was impressed.

Inzwischen hatte Herr Lieberwein angefangen, das Spiel zu erklären. Er würde ein unbekanntes englisches Wort an die Tafel schreiben, das etwas ziemlich Unglaubliches bedeutete. Die Klasse müsse sich dann Bedeutungen ausdenken, immer zu zweit. Die müßten sie auf einen Zettel schreiben. Er würde die acht Zettel einsammeln, die richtige Bedeutung dazutun und dann die neun verschiedenen Definitionen vorlesen.

«Das ist doch kein Spiel», hatte ihn jemand unterbrochen.

«Well», Herr Lieberwein replied, «if you guess the real meaning you get a point. And if someone thinks the meaning you have written is the real one, then you get another point. Or lots of points if lots of people think your meaning is the right one. Whoever gets the most points is the winner. Is that o. k.?» Keiner sagte was. «Well then, here's the first word:

Howdah

Alle lachten. Und dann ging's los. Paddy und Mariann arbeiteten zusammen, Karin arbeitete mit Theo.

«Klingt wie Gouda», sagte Mariann.

«And what's Gouda?» asked Paddy. He was confused. They didn't play games like this in his old school.

«Ein Käse aus Holland», klärte Mariann ihn auf.

«Oh yes, now I know. We pronounce it differently», Paddy replied. «Well, maybe we should say it's cheese. What kind of cheese could it be?»

«Vielleicht ein Käse, den Indianer essen», schlug Mariann vor.

«Howdah sieht sowieso aus wie ein Wort der Indianer.»

40

«O. k.», said Paddy and wrote down: Howdah, a soft cheese eaten by the Indians. Takes it's name from Howdah-Siouxdah, the place where it is made.

«Hm», meinte Mariann, «hast du schon mal Indianer gesehen, die Kühe melken und Käse machen?»

«No, not really», Paddy admitted, «but I like the bit about the Indians.»

«Vielleicht kann es ja ein Pferdesattel sein, den die Squaws im Camp machen», schlug Mariann vor.

«Is that supposed to be German?» asked Paddy, «a *squaw* in a *camp*?»

«Das heißt bei uns auch so», sagte Mariann und schrieb einen neuen Zettel: Howdah – «Was heißt denn eigentlich Sattel auf Englisch?» – «Saddle», antwortete Paddy. «Gut.» Mariann schrieb: An Indian saddle made by the squaws in the camp of Howdah-Siouxdah. «Zufrieden?» fragte sie.

«Yeah», replied Paddy. He still couldn't believe that this was an English class. It wasn't like school at all.

Nebenan, bei Karin und Theo, hatte Theo sofort zwei Bedeutungen vorgeschlagen:

«It's the Japanese word for *schwarzfahren*. Oder: It's the name of the golden earring for men only.»

«Ach, Mensch, Theo», sagte Karin, «so was Blödes. Bloß weil du immer schwarzfährst und weil du jetzt einen Knopf im Ohr hast. Da weiß doch jeder gleich, daß das von dir ist.»

«Na, dann mach doch was anderes, sowieso Quark, das Spiel», antwortete Theo.

«Oh, biste wieder cool, wa?» Karin imitierte Theos Art, das Wort *cool* zu sagen. «Komm, wir machen irgendwas mit Schmuck draus, aber nicht gerade Ohrringe für Männer. Was heißt denn überhaupt Schmuck auf Englisch?»

«Frag mich was Leichteres», antwortete Theo, «oder frag doch deinen Irren», grinste er.

«Hähä, sehr witzig», gab sie zurück. «Wenn ich das mache, dann weiß er doch gleich, daß wir das mit dem Schmuck geschrieben haben. Ich schlag es halt nach. Schmöker ... Schmonzes ... Schmuck ... Jewelry.»

«Juwelen, wa?» sagte Theo, «na gut, dann hab ich eben Juwelen im Ohr. Also los: Howdah – jewelry.»

«So einfach geht das auch nicht», sagte Karin, «da müssen wir noch etwas dazuerfinden», und sie schrieb dazu: Belongs to nobody. Brings bad luck.

«Na, toll», sagte Theo und fuhr sich mit der Hand ans Ohr.

Herr Lieberwein sammelte in einer Mütze alle Zettel ein, steckte einen mit der richtigen Bedeutung dazu und mischte alles gut durcheinander. «Well», he said, «here are nine meanings of the word Howdah; one right, eight bluff. Dann las er vor:

«Howdah – a seat for two or more people on the back of an elephant.»

«Mann, was ein Schwachsinn», sagte jemand. «Just wait», sagte Herr Lieberwein und fuhr fort:

«Howdah – the daughter of Howdahmos, an old King of Egypt. She was always very pale and didn't eat much.

Howdah – the name given to a piece of jewelry which doesn't belong to anybody. It brings the bearer bad luck.»

«Eh, der hat unseren Text verändert», flüsterte Karin Theo zu.

«Na, logo, muß er doch. Die müssen doch alle gleich klingen, sonst weiß ja jeder sofort, was aus dem Lexikon ist», sagte Theo. Inzwischen verlas Herr Lieberwein die vierte Version:

«Howdah – a ghost like Dracula. He has large teeth, white skin and a black coat. He does not sleep in a coffin like Dracula, but in a big dustbin.

Howdah – what the Indians shout when they take the scalp of an enemy.»

«Hey, they've taken our Indian idea», whispered Paddy. «Und die mit dem Sitz auf dem Elefanten waren auch nahe dran», sagte Mariann. Herr Lieberwein las weiter:

«Howdah – a special raincoat from Singapore made out of a new material.

Howdah – an Indian saddle made by the squaws in the camp
of Howdah-Siouxdah.

Howdah, James John: died in 1899, an American poet. His
most famous poem is called *I wish*, *I
wish*.»

Blödsinn, dachte Karin, wer kommt denn auf so was?

«And last but not least», sagte Herr Lieberwein:

«Howdah – the short version of Howdahlalillalow – a small
town in Wales.»

«Das ist ja alles Schwachsinn», Paddy heard someone saying
next to him.

«What do you think?» he asked Mariann.

«Keine Ahnung», she replied.

«Then we'll just have to guess», said Paddy.

Inzwischen hatten auch die anderen begonnen zu raten. Herr
Lieberwein machte Striche an die Tafel. Dracula bekam keine
einzige Stimme, aber ansonsten war alles gut gemischt. Der Sitz
für den Elefanten, die ägyptische Königstochter und James
John, der amerikanische Dichter, hatten jeweils eine Stimme
bekommen, der abgekürzte Ort in Wales und der Indianersattel
zwei, der Schrei beim Skalpieren, der unglückbringende
Schmuck und der Regenmantel jeweils drei. Paddy war für den
Schrei beim Skalpieren gewesen, Mariann für den Elefanten-
sitz, und Karin und Theo waren beide für den Regenmantel gewesen, wobei Theo gleich gesagt hatte, daß alles Quatsch sei
und sich mit der Hand ans Ohr gefahren war.

«Na, und wat war's nu?», grölte jemand von hinten.

«The elephant's seat», sagte Herr Lieberwein, «one point for
Mariann.»

«Immer Mariann, ach Mann», moserten einige.

«Just wait», Herr Lieberwein continued, «there are more
points to be distributed. Who wrote the jewelry?» Karin und
Theo meldeten sich. «Three points each, and three points for
the inventers of the scalping-shout and the raincoat.»

Paddy and Mariann got two points each, because two classmates had believed their explanation. So Paddy ended up with two, Mariann, Karin and Theo with three points. And there were four more people with three points.

«Aha», flüsterte Theo Karin zu, «Hauptsache ist, man leimt die anderen, daß die einem den Spruch abkaufen.»

«Logo», antwortete Karin und rief: «Let's have another one!», und dann flüsterte sie Theo zu: «Und diesmal machen wir was, wo wir diese Mariann abhängen.»

«Gebongt!» sagte Theo.

«O. k.», said Herr Lieberwein, «just one more and then we'll do a bit of grammar.» Er schrieb das nächste Wort an die Tafel:

Als Herr Lieberwein diesmal die Definitionen vorlas, hätte Karin sich beinahe verraten, so stolz war sie und überzeugt davon, daß alle auf ihre Definition reinfallen würden. Theo war nur mit der Hand ans Ohr gefahren, als ihr Vorschlag drankam, aber das hatte wohl niemand beobachtet. Herr Lieberwein fing an:

«Sutler – a man who lives alone in North America. He works as a cowboy in summer and sells hot sausages in winter.»

«Wer kann sich bloß so einen Kohl ausdenken», sagte jemand, aber Herr Lieberwein winkte nur ab und las die anderen acht Vorschläge vor:

«Sutler – the name of the new American atomic submarine which moves without making any noise.

Sutler, Kerstin. Kerstin Sutler was a nurse in the 30-years-war who helped the injured. In 1949 the Pope made her a saint: Saint Kerstin.

Sutler – is a box that Eskimos put their children in when they are naughty.

Sutler – a person who followed an army and sold food and other things to the soldiers.

Sutler – a little cottage. It is built by the people of the Suju-Islands and is made completely of grass.

Sutler – a skirt made of big rings. Ladies wear this under their dresses to make them stand out.

Sutler – to sutler someone means to take them by the throat and bang their heads against the wall until they are dead.»

«Uach», spielte Cristina, «mir wird's gleich übel!»

«And finally», endete Herr Lieberwein:

«Sutler – like a butler except he works for the state and not for one person. The men in Parliament who wear a dress suit are sutlers.»

«Well, ladies and gentlemen», Herr Lieberwein continued, «may I have your votes please?»

«So, jetzt kommt's», sagte Karin aufgeregt zu Theo und packte ihn am Arm, «die fallen bestimmt alle auf unser U-Boot rein.»

Es kam aber ganz anders. Der Cowboy und Würstchenverkäufer, die Kiste für freche Eskimokinder, die Mordart und der komische Unterrock gingen leer aus. Der Verkäufer für Soldaten und die Hütte aus Gras auf den Suju-Inseln bekamen je eine Stimme, das U-Boot zwei und die heilige Kerstin und der Butler bekamen jeweils sechs Stimmen. Karin war für die heilige Kerstin, Theo für die Hütte, Paddy und Mariann waren für den Butler gewesen.

«Ist ja stark», sagte Hannes, «und wat stimmt nu?»

«A sutler is a person who follows the army to sell things», Herr Lieberwein said. «In German he or she is called a *Marketender*. If any of you have heard of Bertolt Brecht's *Mutter Courage* – she is a Marketenderin – a sutler.»

«Klasse», das war Cristina. Sie hatte als einzige richtig getippt und freute sich jetzt, denn sie hatte in der Runde davor keinen einzigen Punkt bekommen.

«Well, let's see», said Herr Lieberwein, «who invented the butler in Parliament?» It was Cristina again, and Hannes. «And who thought up Saint Kerstin?» Paddy and Mariann put up their hands.

«Natürlich, Irland. Hätte man sich ja denken können», rief Karin, «die Insel der Heiligen», und für sich dachte sie: Mist! Jetzt hat die blöde Ziege schon neun Punkte, während sie und Theo jeder nur fünf hatten.

By the time the last class was finished, Paddy was exhausted. All that German! He had to concentrate very hard to try to understand. An everything was so different. The teachers used cassette-recorders in class and explained things with the help of overhead-projectors. The pupils were very different, too – they didn't seem to be afraid of the teachers, but they didn't have much respect either. And they were much more aggressive than Irish pupils.

«Ich gehe mit den anderen zu Tchibo», sagte Karin, «willste mitkommen?»

«O. k.», said Paddy, and he didn't even ask what ‹Tchibo› meant. He was sick and tired of asking questions.

Afternoon coffee

«Mann, nu mach schon», drängte Karin ärgerlich, «warum mußt du bloß alles immer so langsam machen? Die anderen sind schon längst bei Tchibo. Also, komm, dalli, dalli.»

«My God, what's the matter with you? Just because I don't want to break my neck running to get my coat and rushing out of the building. You don't have to *hetz* me so much», said Paddy.

«Allein wär ich schon längst weg gewesen. Nächstesmal kannst du alleine hinterhertrödeln.» Karin ging los. Paddy schloß sein Schließfach ab und ging ihr nach.

Outside the school they saw Mariann. Paddy was pleased:

«Hello Mariann, where are you going now?»

Sie antwortete: «Ich muß noch einkaufen. Wohin geht ihr jetzt?»

«We're going to … what did you call it, Karin?»

46

«Tchibo», brüllte Karin.

«Gut, ich muß auch in die Richtung», sagte Mariann und ging mit.

Ihre Freunde waren schon da, als Karin ankam. Paddy hatte Mariann unterwegs überredet, auch mitzukommen. Karin hatte ihn böse angeguckt, aber das hatte ihn anscheinend überhaupt nicht gestört. Jetzt sah sie die entgeisterten Blicke der anderen, als Mariann und Paddy hinter ihr reinkamen. Karin schickte Paddy gleich Kaffee holen. «Ist doch 'ne gute Übung für dein Deutsch», sagte sie, und Mariann ging mit.

«Sag mal, wen schleppst du denn da alles mit? Von der Streberin haben wir nun doch in der Schule wirklich schon genug, da brauchen wir uns den Nachmittag ihretwegen nicht auch noch zu versauen. Ich wußte gar nicht, daß du mit ihr befreundet bist», wurde Karin gleich von Theo angemacht.

«Bin ich auch nicht», antwortete Karin, «sie hat sich an uns rangehängt, und dann hat Paddy sie gefragt, ob sie mitkommen wollte.»

«Blöder Ire», sagte Hannes. «Warum hast du ihn mitgebracht?»

«Wieso blöder Ire?» fragte Karin. «Du kennst ihn gar nicht. Und außerdem hab ich gedacht, er wollte vielleicht mitkommen. Schließlich kennt er hier noch niemanden.»

«Außer seiner deutschen Freundin, wa?» Das war Theo.

«Ich bin nicht seine Freundin. Eher so 'ne Art Schwester. Aber eigentlich auch nicht. Ich weiß das selbst nicht so genau.» Karin wußte wirklich nicht, wie sie ihr Verhältnis zu Paddy beschreiben sollte.

«Na, und selbst wenn er dein Bruder wäre», warf Hannes ein, «ich schlepp meine Brüder ja auch nicht überall mit hin. Wär mir echt zu blöd.»

«Hört doch endlich auf», sagte Cristina, «sie kann mitbringen, wen sie will.»

«Genau, und ich bin ja wohl nicht die einzige, die heute jemanden mitgeschleppt hat, oder?» schnappte Karin zurück.

Normalerweise trafen sich Karin, Cristina, Hannes, Theo,

Uschi und Angelika hier nach der Schule. Heute aber waren noch zwei Leute da; neben Theo stand ein Mädchen, das Karin irgendwie vom Sehen kannte, und dann war da noch ein Typ, der offensichtlich zu Uschi gehörte.

Uschi stellte ihren Mitgeschleppten vor: «Das ist Helmut. Ihr kennt ihn wahrscheinlich nicht, weil er aufs Gymnasium geht. Aber er ist nicht so wie ein Gymnasiast.»

«Aha», sagte Hannes und rückte seine nicht vorhandene Brille gerade. Genau wie Vörre, ihr Schulleiter. Der tat das dauernd, und meistens fing er seine Sätze mit *Aha* an.

«Aha», sagte Hannes noch einmal und fuhr jetzt mit der Hand durch seinen nicht vorhandenen Bart, «nun, junger Mann, das mit dem Gymnasium nehmen Sie man nicht so tragisch. Es kann ja schließlich nicht jeder auf die Gesamtschule. Wo bliebe denn da die Vielfalt in unserem Bildungswesen?» Hannes fuhr wie Vörre mit der Hand über die Stirn, um die widerspenstigen Haare zurückzudrängen und räusperte sich: «Sind Sie etwa mit dieser jungen Dame, äh, sozusagen befreundet?»

Uschi wurde rot. Helmut stand ganz gelassen da, ohne eine Miene zu verziehen, und antwortete: «Das könnte man so sagen.»

«Dann werden wir wohl einen Platz für Sie in unserer Kaffeerunde freimachen müssen.»

Uschi sagte zu Helmut: «Das ist der Hannes. Keine Angst, der spinnt nur manchmal.»

Karin schaute auf das Mädchen neben Theo.

«Die Birgit kennt ihr doch», sagte er beiläufig, «die ist bei uns an der Schule.» Sie war eine Jahrgangsstufe tiefer als Karin und ihre Freunde, sah aber sehr reif aus. Hübsch war sie auch. Karin fragte sich, was sie hier bei ihnen zu suchen hatte. Sie brauchte nicht lange auf eine Antwort zu warten. «Und ist sie deine neue Freundin?» fragte Angelika Theo.

«Du weißt ja, Lady, daß ich mich nie festnageln lasse», war seine Antwort.

Birgit sagte: «Und ich hatte bloß Lust auf eine Tasse Kaffee», und lächelte dabei Theo an.

«Die hätteste ja auch mit den Leuten aus deiner Klasse trinken können», sagte Karin schnell und schaute Birgit herausfordernd an. Hände weg von Theo, den will ich haben, sollte das heißen.

«Es macht aber mehr Spaß mit euch», sagte Birgit nur und sah Theo mit großen Augen an.

It took ages to order the coffee. When Paddy and Mariann finally came back to the table they were greeted by Theo: «Vorhang auf für die heilige Kerstin und ihren Butler!» They all laughed. «Ich fand das ein echt starkes Spiel», sagte Angelika.

«Fand ich auch. So was macht Spaß», unterstützte sie Cristina. Theo schaute die beiden an und meinte: «Na, so was würde der Lieberwein gern hören. Ein richtiges ‹Erfolgserlebnis› würde er das nennen.»

Angelika, die ein Lieberwein-Fan war, verteidigte ihn sofort: «Du brauchst gar nicht so zynisch zu sein. Der ist halt ein guter Lehrer. Seine Klassen sind wenigstens noch interessant.»

«Müssen sie ja auch sein», antwortete Theo, «er weiß, daß wir sonst nichts machen würden. Und außerdem kriegt er auch dick dafür bezahlt.»

«Das kriegen die anderen auch», gab Angelika zurück, «und die machen nicht soviel dafür.»

Paddy agreed with Cristina and Angelika. He had found Herr Lieberwein's class really great and he told them: «In Irland haben wir keine Spiele in der Klasse. Ich fand Herrn Lieberweins Klasse sehr gut.»

Hannes veräppelte Paddys irischen Akzent beim Deutschreden, indem er die r stark betonte: «Du fandst Herrrrn Lieberrrweins Klasse sehrrr gut, ja?» Alle lachten.

Paddy replied in English, making fun of the German accent: «Just you vait till you haf to speak English. Zenn ve'll see who has ze funny eckcent!» Alle lachten noch mal.

«Fifteen all», sagte Karin.

«Hört mal», sagte Angelika, «habt ihr gemerkt, daß die Karla jetzt rote Haare hat? Und tollen schwarzen Nagellack. Was ist in den Sommerferien wohl mit ihr passiert? Die war doch früher immer sehr unauffällig.»

«Na, ist doch klar», sagte Theo, «das weiß man doch: wenn eine Frau sich schnell zum Guten verändert, gibt es nur einen Grund. Sie hat einen Mann abgekriegt.»

«Scheiß-Chauvi!» schrie ihn Cristina an, «ich möchte nicht sehen, was der Frau passsiert, die dich kriegt.» Aber dann fiel ihr etwas ein, und sie schaute, um Verzeihung bittend, Karin an.

«Ich fand das irre heute bei dem Mache», sagte Uschi, «die Elke, wie die ihn anhimmelt. Ich kann das überhaupt nicht verstehen. Er muß doch der häßlichste Lehrer sein, den wir haben.»

Hannes wurde sauer: «Mensch! Jedesmal, wenn wir nach der Schule hierher kommen, sind wir froh, daß sie vorbei ist. Und wovon reden wir immer? Schule. Ich hab die Nase voll davon.» Alle schwiegen. «Worüber willst du denn eigentlich reden?» fragte Uschi.

«Ist ja egal», antwortete Hannes, «nur nicht Schule.»

«Ich hab's!» sagte Karin. Alle schauten sie an. «Wie wär's, wenn wir von unseren Problemen reden.»

«Unseren was? Was meinst du mit unseren Problemen?», fragte Theo. Karin deutete auf Paddy. «Frag doch ihn. Er ist derjenige, der meint, daß wir alle nix im Kopf haben außer Problemen.»

Jetzt schauten alle Paddy an. He looked at Karin and said: «You know that's not true. I didn't say that.»

«Mensch! Wir sind doch hier in Deutschland. Warum redest du denn kein Deutsch?» protestierte Theo. «Und erklär doch mal, was du damit meinst, daß wir nur noch Probleme im Kopf haben.»

Paddy ignored him and turned to Karin. «You know I didn't mean it like that, Karin.» Karin wandte sich der Gruppe zu.

«Gut. Ich erzähl euch mal, was Paddy gesagt hat. Wir haben uns gestern eine Radiosendung angehört, wo sie über den Mangel an Jugendzentren gesprochen haben. Die Moderatorin meinte, daß die jungen Leute keinen Ort hätten, an dem sie sich treffen können, um über ihre Probleme zu sprechen. Paddy fragte mich,

was für Probleme wohl gemeint wären; er könne sich gar nichts
darunter vorstellen. In Irland wollen die Jugendlichen zusam-
menkommen, um zu spielen oder was weiß ich, und nicht, um
Probleme zu bereden. Also: Wir haben viele Probleme, und die
Iren haben keine. Hab ich das richtig erklärt?» fragte sie Paddy.
He didn't answer because he was furious. Karin was trying to
make him look stupid. He had just said he thought it was one-
sided when you only heard about *die Jugendlichen und ihre Probleme* on the radio all the time. That woman the day before
thought that the most important thing for young people was a
place where they could discuss their problems. It was all so se-
rious, no fun. Paddy thought it was just as important to be able
to do things and have a good time together. In Ireland he never
heard people talking about problems. And he and Karin had discussed this, too. He realized that it was just as bad to pretend
there were no problems at all, as it was to be obsessed with them
and talk about them all the time. Somewhere in the middle
would be just perfect. But Karin didn't tell her clique about this.
Paddy finished his coffee and turned to Mariann. «I've had
enough», he said, «I don't want so stay here any longer.» Mariann had finished her coffee, too, and the two of them walked
out of the coffee-shop.

When he got back to the flat, Paddy went into his room. «Karin
and her bloody clique should just go to hell», he muttered before
turning on the radio full blast.

«Ej, Leute, heute werdet ihr endlich mal sehen, wie ein Fromms
aussieht», schrie Joachim. Es war kurz vor der Biostunde. Frau
Becker mußte jeden Moment eintreffen. Karin sah, wie Paddy
fromm im Wörterbuch nachschlug. Da würde er *religious* oder
pious finden. Ob er wohl glaubte, daß die Becker einen Mönch
oder Priester mitbringen würde?

*Piss of Karin! You don't know what I thought. You just want to
make me look stupid. I think I should describe the way it was:*

Frau Becker was going to spend one whole biology class talking about contraceptives. A lot of the fellows made jokes about them before she came in. As usual, Karin spent the class talking to Theo. She knew all about everything already and didn't need to listen to Becker.

Blödmann. So war es nun auch wieder nicht. Bloß weil du nichts darüber wußtest. Und ich hab auch nicht die ganze Zeit mit Theo gequatscht. Du bist anscheinend nicht in der Lage, so was richtig zu beschreiben.
And you can't write about what I thought. You just don't know. I'm going to write this chapter.
Nein, ich.
You just wait and see.

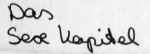

Das Sexe Kapitel	**Chapter Sexe**

Frau Becker zog ihre alte Masche ab. So richtig schön offen. Thema: Verhütungsmittel. Und jeder durfte was sagen. Und damit zeigen, was er oder sie so wußte. Am Ende hatte sie eine Liste an der Tafel: Fromms, Pariser, Zäpfchen, Pille und so weiter. Beim Thema Verhütungsmittel verhielten sich viele in der Klasse anders als sonst: einige lachten die ganze Zeit und quatschten dummes Zeug, einige wollten zeigen, wie cool sie waren und was sie so alles drauf hatten,

At the beginning of the class Frau Becker asked the pupils to name any kind of contraceptives they knew. Everyone started shouting out things, and she wrote them on the board. Sometimes there were a few different names for the same thing. Karin sat there very cool, naming things, too. Paddy had never heard of them. He thought to himself: Thank God this is all in German. If someone asks me something, I can say I only know what it is in English.

einige sagten absolut nichts, wurden manchmal rot und sahen weg. Mariann zum Beispiel. Und Paddy auch, wie Karin feststellte. Kein Wunder, schließlich hatte Maureen erzählt, daß es in Irland nicht mal Verhütungsmittel zu kaufen gab und daß es das Thema Sexualkunde in der Schule, so wie sie es hier hatten, überhaupt nicht gab.

Frau Becker hatte einen pro familia-Kasten mitgebracht, in dem sich alle möglichen Verhütungsmittel befanden. Zu jedem gab sie ein paar Erklärungen. Dann ließ sie es herumgeben. Als ein Kondom bei Joachim vorbeikam, blies er ihn auf. «Gut, Joachim», sagte Frau Becker, «jetzt hast du uns gezeigt, wie ein Kind mit einem Kondom umgeht. Willst du uns auch zeigen, was ein Mann damit macht?» Joachim ließ das Ding schnell zusammenschrumpeln und gab es weiter.

Diaphragmen, Spirale, Pille & Co. machten ihre Runde durch die Klasse. Nichts Neues für Karin. Ihr Vater hatte ihr das alles schon verklickert. «Einsame Spitze», hatte Cri-

For a few minutes he felt alright. Then he got very nervous again: What happens if they ask me what these things are called in English? He could feel himself getting hot and cold. Would they be in the dictionary? He looked up one of the words: *Zäpfchen*. But what he found in English: *small peg, suppository*, didn't make much sense to him either.

In the meantime there were lots of names on the board. Paddy knew what two of them were: die *Anti-Baby Pille* was just called *the pill* in English. And *das Kondom* could only be a *condom*. Lots of other words were written under Kondom: Fromms, Pariser. At home they called them *Durex* or *frenchies*.

Paddy wondered what all the other things were or what they looked like. He didn't have to wonder very long. Frau Becker had brought a kind of suitcase with her into the classroom. She put it onto a table in the middle of the room and opened it.

It was full with all the different kinds of contraceptives. She

stina gesagt, als Karin ihr das erzählte, «mein Alter mauert da total, nur meine Mutter erzählt ab und zu was, aber so richtig drauf hat die das auch nicht. Am besten bringt man sich so was selber bei.»

Karin war anderer Meinung. Sie fand ihren Vater da echt stark. Und Paddy? Wie war ihm wohl zumute, als all die Dinger an ihm vorbeikamen?

Er hatte einen ganz schön roten Kopf. Ob er all das Zeug über Bumsen und Sex-shop mitkriegte, das die Jungs um ihn herum grölten? Mädchen sind doch weiter als Jungs, dachte Karin, und ihre Klassenkameraden kamen ihr plötzlich ziemlich kindisch vor.

Karins Gedanken begannen langsam abzudriften, als Paddy auf einmal ganz ernsthaft fragte:

«Hey, Karin, do you know what the safest method of contraception is?» Karin dachte nach und sagte:

«Ich denke, die Pille.»

«No», sagte er, «it's a glass of water.» Karin wollte es nicht glauben.

took them out, one by one, and asked the class if they knew what it was and how it worked. She spoke a few words about it, and then passed it around. There was one thing for women which looked like a hollow jellyfish, and other thin, snakey-like things which women had to have put in by doctors. He recognized the pill when he had the packet in his hand. His mother had some at home. More things were passed around. Paddy didn't know what they were for. He felt stupid. Most of the fellows in the class were laughing and joking about them. They knew about them already and they often talked about sex-shops, video-films and peep-shows, too. There were no such things in Ireland. Until a short time ago, even contraceptives had been illegal there. Paddy had heard Maureen joking with some German friends about it. Now they were legal, but you could only get them from your doctor. And you had to be married first. Maureen had laughed and said to her friends: «Of course, the people who have

«Ein Glas Wasser?»
«Yes, a glass of water», wiederholte Paddy, «not before, not after, but instead!»

the money can always get them. It doesn't matter whether they are married or not.»
There was general noise in the classroom. People were looking at the contraceptives and making comments. Suddenly Paddy remembered a joke, Kieran once told him. He decided to tell it to Karin.
«Hey, Karin», he said, «do you know what the safest method of contraception is?»
«Ich denke, die Pille», she answered. «No», said Paddy, «it's a glass of water.»
«Ein Glas Wasser?» said Karin surprised.
«Yes», he repeated, «a glass of water. Not before, not after, but instead!»

Hey! Are you writing about that as well? That's funny. Jedenfalls funnier *als dein Witz. Aber wenn wir sowieso an der gleichen Stelle gelandet sind, können wir auch wieder zusammen schreiben. Ich finde das eh blöd, so alleine vor mich hinzuschreiben.*
So do I. Will we write on together then?
Well, after all this awful contraceptive business I would like to write about something nice. How about describing my introduction into the Berlin rock scene?
Aber diesmal zusammen, o. k.?

Das exotische Schlagzeug

«Du, Paddy, die Tiele von nebenan macht schon wieder Terror. Du sollst aufhören mit dem Getrommel. Jetzt ist Mittagszeit.»

«It's what?»

«Mit-tags-zeit», sagte Karin, «zwischen zwölf und drei darfste keinen Lärm machen, damit die Omis pennen können.»

Paddy couldn't believe his ears. «You Germans and your bloody rules. You're not allowed to make noise in the evening after ten, in the morning before seven and now in the middle of the day as well. Jesus, it drives me crazy.» Paddy stood up. «I am going out for a walk. May I presume that disturbs no one?» he said and left the flat slamming the front door.

So eine Umstellung muß ganz schön schwierig sein, dachte Karin. In Irland wohnten die Leute meist in ihren eigenen Häusern und nicht in gemieteten Wohnungen. Paddy hatte deshalb immer so viel Krach machen können, wie er wollte. Und hier? Dauernd meckerte diese blöde Tiele; dabei brauchte Paddy gerade jetzt viel Zeit zum Üben.

Paddy marched off to the park near the Försters flat. At times like these he hated the Germans and would like to fly back to Ireland immediately. That silly cow Tiele. It was just like her to disturb him in the middle of working out a new rhythm. He never gave out when she played her bloody operettas all the time, or when she hoovered her flat. *Staub-saugen* they called it in German. Dust-sucking! Silly expression, that. Sucking was usually a quiet sort of activity. Vampires weren't noisy when they sucked blood. Hoovering was much too loud for such a gentle word. And that woman did it at least three times a day. A real *Putzteufel* as Karin would say.

Paddy enjoyed going for walks on his own. In fact, there were a lot of things he liked to do alone: play music or listen to it, read … In the beginning in Berlin, he often spent hours alone in his room.

Bei Karin war das anders. Sie war viel lieber mit ihren Freunden zusammen. Nach der Schule hatte sie außerdem noch Jazzgymnastik. So wie Paddy alleine rumzuhocken, das gefiel ihr nicht besonders.

In Ireland Paddy had done lots of things with friends, too – he had played football, had been in a band with Kieran, Desmond and some others, and they used to go off on their bikes. When he came to Berlin, he knew no one except Karin, so he had to spend a lot of time alone. But then things began to happen.

A month ago he started playing football with some of the fellows from school and he really enjoyed it. And it was through football that the whole business with the rock-group started.

«Wieviel wollt ihr denn für euren Iren haben», hatte der Kapitän der Mannschaft, die sie gerade 4:1 geschlagen hatten, gefragt. Paddy hatte dabei drei Tore geschossen.

«Holt euch doch selbst einen», hatte Andy erwidert. Paddy liked Andy and he was proud that they thought he was good at football. They called him *der stumme Bomber*, because he didn't talk much.

«Sag mal, Andy, stimmt das, wollt ihr wirklich wieder mit der alten Gruppe anfangen?» fragte jemand.

«Vielleicht», antwortete Andy, «aber uns fehlen noch Leute. Von den alten TREBERN sind nur noch Susi, Mark und ich übrig: lead guitar, keyboards und meine base guitar. Wir brauchen also auf jeden Fall noch jemand am Schlagzeug und am besten auch noch 'n guten Sänger. Und 'nen neuen Namen. TREBER find ich inzwischen ziemlich abgelutscht.»

«Und habt ihr schon jemand gefunden?»

«Thomas vielleicht, der kann ganz gut singen. Aber mit dem Schlagzeug, da sieht's echt finster aus.»

«Was heißt Schlagzeug?» Paddy asked.

Andy tat so, als ob er eins vor sich hätte: «Da da dam, bam bam, tsching boing.»

Paddy understood: «Drums heißt das bei uns.»

«Genau», sagte Andy, «du hast nicht zufällig eins dabei, was?»

«Ja, nicht so was», Paddy imitierte Andys Trommeln, «aber so eine Art irisches Schlagzeug. Bodhrán heißt es.»

«Wie?»

«Bodhrán», wiederholte Paddy, «vorne spricht man's wie deutsch Bau aus und hinten ... hm ... so, daß es sich mit dem englischen *yawn* reimen würde; also bau-rawn.»

«Nie davon gehört», meinte Andy, «aber es ist so 'ne Art Schlagzeug, da bist du sicher, ja?»

«Ja, so ungefähr, aber viel kleiner.»

«Klasse, dann bring es doch morgen mit in die Schule. Mal sehen, vielleicht paßt es zu uns. Wär doch toll: Ladies and Gentlemen! Am Schlagzeug: der stumme Bomber!»

«Ja, toll», sagte Paddy, «oder vielleicht sogar: der grüne Bomber.»

Andy lachte: «Au ja, und dann färbst du noch deine Haare rot und wir malen dir Sommersprossen ins Gesicht, und dann siehste aus wie die beknackten Typen aus der Whiskey-Werbung.»

«Bloß nicht!» Paddy answered. He was pleased. He liked the idea of playing in a band.

Paddy brought his bodhrán into school the next day. Andy was waiting for him at the door after the last class before the große Pause.

«Na, hast du es mit?»

«Ja, in meinem Schließfach.» Sie gingen runter, und Andy schaute zu, wie Paddy das Ding aus seinem Schließfach holte. Es war rund. Andy schätzte einen knappen halben Meter Durchmesser und nicht mehr als zehn Zentimeter Breite. Das Ding steckte in einer grünen Hülle.

«Nicht sehr groß», kommentierte Andy.

«Aber laut», lachte Paddy. Sie gingen zum Musikraum hinunter. «Hier üben wir meistens. Nach der Schule», sagte Andy und stellte die anderen vor. Mark war da und Susi und auch Thomas, der noch nicht wußte, ob er mitmachen wollte. Mark sah sich Paddys Schlagzeug skeptisch an:

«Ej, wat is dat denn? 'ne Keksdose für 'n Geburtstag von deiner

Oma, oder wat?» Mark war erst vor zwei Jahren nach Berlin gekommen und versuchte dauernd zu berlinern, aber so richtig hatte er es noch nicht drauf.

God, those idiots with their *dumme Sprüche* as Karin called him. At times like this he wished his German was good enough to hit back. In English, Paddy would reply: No, actually, my Granny doesn't eat biscuits. She only sucks blood, but that was too complicated for him to say in German. So he just said: «Das ist ein Bodhrán.»

«Also ein Bau-rawn, na ja, von mir aus. Pack mal aus», entgegnete Mark. Paddy opened the two zips.

«Ach, Gott, kiek mal, 'ne Trommel», that was that Mark again, «und det soll wat Besonderes sein. Mann, so wat hat mein kleener Bruder schon im Sandkasten kaputtjekloppt. Damit kannst du bei der Weihnachtsfeier von 'nem Altersheim spielen, aber nicht bei uns.»

«Nu laß doch mal», unterbrach ihn Andy, «und wenn jemand auf 'ner Bierkiste trommelt, wir brauchen percussions, Mensch, verstehste nicht?» In the meantime, Paddy was sitting on a chair and was ready to play his bodhrán. Alle sahen *das Ding* neugierig an.

Das Ding – das war ein runder, grüner, hölzerner Ring, auf der einen Seite mit einer Art Haut bespannt, auf der anderen Seite offen, abgesehen von zwei hölzernen Leisten, die sich in der Mitte kreuzten. Die Haut war mit silbernen Nägeln auf dem Rahmen befestigt. Paddy hielt es senkrecht auf seinem linken Bein. Seine linke Hand griff von hinten in den Innenraum, die Fingerspitzen berührten die Haut. In der rechten Hand hielt er einen Stock. «Den haste wohl auf dem Friedhof ausgegraben, wa?» motzte Mark. Der Stock sah tatsächlich aus wie ein Knochen, etwa zehn Zentimeter lang mit zwei runden Verdickungen an jedem Ende.

Paddy begann zu spielen. Zuerst langsam und leise, dann wurde er immer lauter und lauter und schneller. Sein rechter Arm schien zu fliegen, mal schlug er mit dem Stock auf dem Holzrahmen zu, mal mitten auf dem Trommelfeld, dann eher am Rand. Paddy spielte verschiedene Rhythmen. Mal deckte er die Haut von hinten mit seiner ganzen Innenhand ab, dann hob er den Handteller langsam an, bis nur noch die Fingerspitzen Kontakt hielten, langsam zog er auch die zurück, bis schließlich die Haut unberührt war, und seine Hand die Holzleisten umgriff. *Das Ding* klang zuerst dumpf, dann weniger dumpf, aber noch verhalten, und wurde dann zusehends lauter, gewaltiger, vibrierender.

Keiner hatte anscheinend geglaubt, daß so viele Variationen auf *dem Ding* möglich waren. Als Paddy aufhörte zu spielen, klatschten alle.

«Also, von mir aus kannste gerne mitspielen», sagte Andy. Susi, Mark und Thomas nickten. «Aber du wirst sicher erst mal hören wollen, wie wir spielen, oder?» fuhr Andy fort. «Wir proben heute nach dem letzten Block. Kannste denn heute?»

«Ja», sagte Paddy und freute sich darauf.

Paddy was really looking forward to the rehearsal. He had enjoyed playing in the group at home – though this music was probably very different. At home they had played rock, using traditional Irish melodies and harmonies as a base. But he was interested in doing something new. All he could think about for the rest of that day was music and groups and bodhráns.

Nach dem letzten Block sagte er zu Karin: «I am going to a rock group rehearsal. I might be joining them with my bodhrán.»

Karin fand das irre. Sie hatte immer gedacht, bodhráns seien nur für irische Musik zu gebrauchen. Aber wenn Paddy meinte ...

«Could you tell Mum where I am, just in case we go somewhere afterwards and I am not home for tea.»

The rehearsal was fun. They told Paddy that they had taken well-known English songs and had written new German texts for them. At the moment they were working on their version of *Eve of Destruction*. Paddy didn't know it.

«Ach, das ist so ein ganz altes Ding aus der Zeit, als Lieberwein & Co. noch cool waren», klärte Andy ihn auf, «der Lieberwein nat neulich ganz leuchtende Augen bekommen, als wir ihm erzählt haben, was wir spielen wollen. Aber die Musik ist trotzdem geil, irre gut.»

They played it for him and he liked it. Soon he got into the rhythm and joined in with his bodhrán.

«Mensch, das is ja stark, das Ding! Wie heißt das noch – Laubhorn?» sagte Thomas. «So was hat außer uns keine Band.»

«Ej, wir brauchen doch sowieso einen neuen Namen für die Gruppe, wie wär's mit THE BODHRÁN BOYS?» schlug Mark vor.

«*Boys*, du spinnst wohl, wa, echt Macker, aber ehrlich!» Susi warf ihre Haare nach hinten.

«Ej, Frau, nu mach man bloß keinen auf lila!» gab Mark zurück.

«Aber wie wär's denn mit THE BODHRÁN BEATS?» They all agreed with that. Paddy was very proud.

Abends zu Hause war er mächtig in Fahrt und sagte so viel wie noch nie. Dreimal die Woche Proben und dann auch noch Fußball – plötzlich war er ganz schön beschäftigt. Karin erzählte noch, was sie den ganzen Tag über getrieben hatte, und plötzlich war es ziemlich spät, und Robert Förster mußte die beiden mehrmals darauf hinweisen, daß es langsam Zeit sei, ins Bett zu gehen.

Yes, and that was the beginning of our evening chats, wasn't it?
Ja, auch wenn's am Anfang noch nicht viel zwischen uns geändert hat. Aber ich fand es da und vor allem später toll, daß man abends einfach mit jemandem den Tag bequatschen konnte.
Well, it was much better than having to spend most of the time together and getting on each other's Wecker as you would say.
Mhm, ist auch irre, das jetzt noch mal zusammen aufzuschreiben, nicht – viel besser als alleine Tagebuch schreiben.
Yeah, just writing about it makes me feel like playing a bit of bodhrán now.
Bloß nicht, um diese Zeit kommt die Tiele bestimmt gleich rüber, und außerdem wollten wir noch mit dem Disco-Kapitel anfangen.
Now? O. k. Let's put on some music and start.

In der Disco

It was Theo's birthday and they were all going to go to *JoJo*. Theo said it was a really cool discothek but Karin and Paddy had never been there before. Cristina came around to the Försters' flat in the afternoon and the two girls spent hours in the bathroom making themselves up. At least it seemed like hours to Paddy.

«Ich weiß gar nicht, wie du dich jeden Tag so anmalen kannst», sagte Karin zu Cristina, «das muß doch morgens ewig dauern, bis das Zeug drauf ist. Ich glaub, das wär nichts für mich.»

«Och, man gewöhnt sich dran», antwortete Cristina leicht gelangweilt, «und außerdem steht der Hannes so drauf.»

Karin legte den Lippenstift aus der Hand:

«Ach nee, sieh mal einer an. Früher haste immer gesagt, irgendwas bloß wegen 'nem Typen zu machen, das findste bescheuert.»

Cristina spielte die Überlegene:

«Tja, weißte, Karin, wenn man erst mal in so 'ner richtigen Zweierbeziehung steckt, da kann man nicht immer nur an sich denken. Das wirst du auch noch merken.»

«Und merkt Hannes das auch?» gab Karin schnippisch zurück. «Was opfert er denn so alles für dich auf?» Cristina gab ihr keine Antwort.

«Du, Cristina», sagte Karin nach einer Weile, «eigentlich find ich das blöd, daß wir uns jetzt kaum noch treffen und du dauernd bloß mit deinem Hannes zusammen bist.»

«Ach was», gab Cristina zurück, «du ziehst doch jetzt auch überall mit deinem Paddy hin.»

«Er ist nicht *mein* Paddy», erwiderte Karin gereizt.

«Wessen Paddy ist er denn?»

«Was weiß ich? Ist sein eigner Paddy. Ach, hör schon auf mit dem Scheiß, und gib mir lieber mal die Tusche.» Beide waren einige Zeit ruhig.

«Sag mal», fing Cristina dann wieder an, «du bist doch immer noch hinter Theo her, oder?»

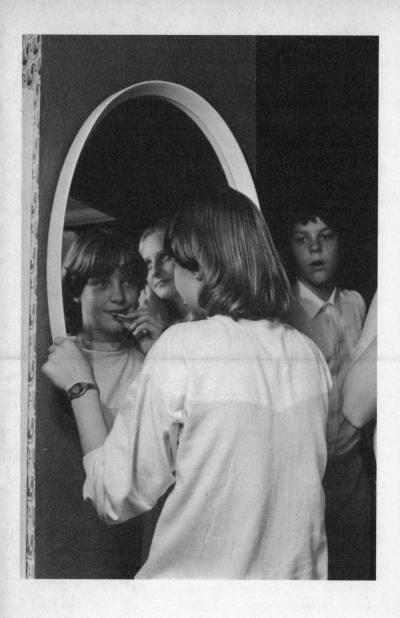

«Na und?»

«Ich mein ja bloß, schließlich ist der in letzter Zeit öfters mit der Birgit zusammen.»

Karin tat, als ginge sie das nichts an: «Kann er doch, das heißt doch nichts, oder?» Sie tat aber wirklich nur so. Eigentlich hätte sie gern mehr von Theo gesehen, und sie hoffte, daß sie an diesem Abend viel mit ihm tanzen konnte.

After he had played the bodhrán for a while in his room, Paddy went down to the bathroom to see what was happening. «My God», he said, «the two of you have been in here for ages. What are you doing?»

Karin gave him a cheeky look: «Wir machen uns schön. Wie findste mich?»

«Well», Paddy replied, «it's quite nice, but I wouldn't like you to look like that every day.»

Karin turned red. «Blödmann», she shouted at him, «ich hab's auch nicht deinetwegen gemacht.»

Cristina sah Karin nur groß an. «Sag mal», sagte sie dann zu Paddy und schnupperte, «sag mal, haste dich etwa mit Aftershave begossen?»

«Well, a bit», Paddy admitted and he blushed.

«Stark», rief Cristina, «ich find Aftershave irre geil. Hannes hat eins, das könnte ich fast trinken, so toll ist das.»

«Sag bloß nicht, das heißt ‹Irisches Moos› oder so», unterbrach sie Karin ärgerlich, «sonst wird unser Held hier noch größenwahnsinnig.»

«Ha, very funny», said Paddy, «we have to leave now, don't we?»

«Ist ja gut, wir sind ja schon fertig», schimpfte Karin, «also los, superman, let's go disco.»

An hour later they were all sitting around a big barrel. Everyone, that is, except Theo and Birgit who were dancing. The Discjockey played all the latest hits and it was very loud. You had to be very close to someone if you wanted to talk. Paddy was sitting next to Mariann, then came Helmut, Uschi, Hannes and Cristina. Karin was sitting next to Cristina and there was a gap between herself and Paddy. When Theo and Birgit came back from the floor they picked up two stools and sat down behind Mariann and Hannes, even though Karin had beckoned to him to come and sit beside her.

After a round of Coke was brought over to the barrel, Theo pulled a bottle of rum out of his pocket.

«'ne kleine Geburtstagsverstärkung gefällig?» fragte er. «Klar!» riefen Cristina, Birgit, Hannes und Karin gleichzeitig.

«Na, großer Drummer, du auch?» Theo asked Paddy as he was pouring the rum into the others' glasses.

«Why not. Whiskey is my drink actually, but since it's your birthday . . .» Paddy replied cooly.

«Mariann?» fragte Theo weiter. Mariann wurde rot: «Nein, danke, lieber nicht.»

«Darfst wohl nicht, was?» machte Karin sie an. Mariann lehnte sich zurück:

«Ich will nicht. Wenn dein Vater ein Säufer wäre, würdest du auch nichts trinken», sagte sie leise, eher zu sich selbst. Paddy heard what she had murmured and said:

«Don't mind Karin. There's nothing wrong with not drinking. People just think it's cool to drink, that's all.»

Paddy and Mariann talked a while about dances. Well, it was more like shouting than talking because of the noise. Paddy told her that he had never been to a discothek before. His school in Wicklow had invited the girls' school to a dance in their hall once, but that was very different from *JoJo*. They all went to Mass first and during the dance the boys stood on one side of the hall and the girls on the other. Paddy hadn't enjoyed it very much: «Some of the fellows couldn't pluck up enough courage to ask the girls, so some of the girls were never asked to dance», he said.

Mariann told him that she went to a Tanzschule. In the beginning it had been a bit like that, too.

«Well», said Paddy, «if you go to dancing classes you must feel at home here.»

67

«Oh, nein», replied Mariann, «ich bin auch zum erstenmal in einer Disco.»

«You mean, none of your dancing partners ever suggested going to a disco after the class sometime?» he asked surprised.

«Nein.» Paddy looked into her eyes. «The idiots», he said. Mariann smiled.

Währenddessen hatten Hannes und Cristina und Helmut und Uschi angefangen zu tanzen. Auch Birgit war aufgestanden und in Richtung Tanzfläche gegangen. Dort traf sie einen Bekannten und umarmte ihn. Die beiden schienen sich gut zu kennen. Theo rückte zu Karin rüber:

«Ej, sag mal, kennst du den Typen, den da, bei Birgit?» Karin spielte den ahnungslosen Engel: «Hm, sieht ja toll aus. Und die beiden passen gut zusammen, findste nicht auch?»

Theo war sauer: «Quatsch, und ich wollte mit ihr tanzen.»

«Kannst ja mit mir tanzen», bot ihm Karin an. Aber jetzt hatte Theo plötzlich keinen Bock mehr auf die Platte. Genervt schaute er sich um. «Ach Gottchen, sieh mal die da», sagte er laut und zeigte auf Paddy und Mariann, «die denken wohl, sie sind hier in 'ner Disku und nicht in 'ner Disco.»

«In 'ner was?» fragte Karin verblüfft. «Disku – Diskussionsrunde», antwortete Theo, «oder vielleicht wissen die gar nicht, daß man in einer Disco tanzt.» Er formte die Hände zu einem Trichter und rief: «Sag mal, Drummer, können die Iren nicht tanzen, oder warum hockst du immer noch da?»

Paddy turned his head slowly and gave Theo a dirty look: «Das geht dich nichts an, was ich mache.» Then he turned to Mariann: «But maybe, it's not such a bad idea after all. Would you like to dance now?»

«Warum nicht?» Mariann said pleased. They left the barrel and walked over to the dance floor.

«Nur Mut, Alter! Siehste, die brauchte nur gefragt zu werden», rief Theo ihnen nach, «Zeit genug zum Plaudern haben die noch im Altersheim», sagte er zu Karin, «jetzt braucht man action. An meinem Geburtstag ist immer action.»

Karin hatte es satt: «Ach, laß ihn doch in Ruhe. Nichts wie blöde Sprüche haste drauf.»

«He, mal langsam, warum so zickig?» wehrte Theo ab. «Bloß weil ich was gegen deinen Iren gesagt hab.»

«Scheiße, hör auf!» schrie Karin und warf mit einer schnellen Handbewegung ihr Glas um. «Er ist nicht *mein* Ire. Aber da kommt *deine* Birgit wieder. Los, geh bloß schnell hin, bevor jemand sie dir wieder abgreift.»

Theo stand auf. «Weiber», knurrte er und ging zu Birgit rüber.

Als Cristina und Hannes vom Tanzen zurückkamen, fanden sie Karin allein am Faß sitzend. Sie hatte gerötete Augen und hielt ein nasses Taschentuch in der Hand.

«Komm», sagte Cristina und legte ihren Arm um Karin, «wir gehen uns mal die Nase pudern.» Einen Moment lang mußte Karin lächeln. I must go and powder my nose, hatte Paddy ihr erzählt, sagen die alten englischen Damen, wenn sie aufs Klo gehen. Aber als die beiden dann zum zweitenmal an diesem Tag vor einem Spiegel standen, war Karin nur noch wütend: «Diese Scheiß-Typen», schimpfte sie, «da malste dich an und ... Scheiße, ich hätte besser zu Hause bleiben und Glotze gucken können. Scheiß-Disco. Ich hab noch nicht mal getanzt. Ich hab ihn sogar gefragt, als die Birgit weg war. Und er hat nur gesagt, er mag die Platte nicht. Echt schwach. So 'n Scheiß-Macker!»

«Ach komm, Karin», versuchte Cristina zu trösten, «das mit der Birgit ist bestimmt bald vorbei. Du bist viel eher sein Typ. Wart's nur ab. Das kriegt der auch noch mit.» Aber damit kam sie bei Karin schlecht an.

«Von wegen! Der kann sehen, wo er bleibt», schniefte sie, «bei mir jedenfalls nicht. Der geht mir auf'n Wecker mit seinen blöden Sprüchen. Die Birgit kann ihn gerne behalten.»

Cristina wechselte die Taktik: «Genau Karin, vergiß es. Ich hab immer gedacht, du bist sowieso zu gut für den Theo. Ich hab es bloß nicht gesagt, weil du so scharf auf ihn warst. Jetzt kann ich's ja sagen, Karin: er ist deiner nicht wert.» Cristina war stolz auf ihren letzten Satz, aber so leicht ließ Karin sich nicht trösten. Sie war sauer, restlos sauer. Diese Scheiß-Typen. Nicht nur Theo, der Affe. Auch Paddy. Mit ihm konnte man ebenfalls nichts anfangen. Der klebte nur dauernd an der Mariann. Und für sie hatte er überhaupt keine Zeit mehr. Mist alles.

«Ich geh nach Hause», weinte sie, «was soll ich hier. Ich hab sowieso rote Augen, und dann sehen alle, daß ich geheult hab.»
«Ach, Quatsch», unterbrach sie Cristina, «so dunkel wie das hier ist, merkt das sowieso keiner. Komm, wir tanzen uns erst mal richtig ab, und dann sieht alles viel besser aus.» Sie machte ein paar Korrekturen an Karins Make-up. Dann gingen sie wieder hinaus.

Inzwischen war es berstend voll. Karin schob sich in die Mitte durch, unter die silberne Kugel, und fing an zu tanzen. Langsam erst, dann immer wilder. Typen – na und? Ihre Haare wirbelten um ihren Kopf herum, im Flackern des weißen Lichts wirkten die Leute um sie herum wie Puppen, Zeitlupenwesen aus einer anderen Welt. Nur ab und zu kam das Faß in ihr Blickfeld. Dort waren nur Paddy und Mariann übriggeblieben. Marianns Kopf lag auf Paddys Schulter, und Paddy hielt ihre Hand. Karin lachte in sich hinein; auch Paddy und Mariann waren weit weg. Nur der Rhythmus und das Licht, die waren wirklich.

It's strange, isn't it, that we kept misunderstanding each other all the time. I only realize that now.
Wie meinst'n das?
Well, for example, the Schminkgeschichte. You asked me: ‹Do I look good?› And I said: ‹O. k., but I like you better without make-up›, or something like that.
Ja, und ich dachte – ach, ich weiß nicht, was ich dachte. Ich war irgendwie auf- und durchgedreht.
Anyway, when you answered me so rudely, I thought you didn't want me to disturb you that evening, so I just left you alone. Even in the Disco when we sat down in the beginning, you left lots of room between us, so that Theo could sit down beside you. It was

*very obvious. And there was I, ignored by you, left sitting beside
Mariann, who I really liked anyway.*

*Und ich hab' dann gedacht, du wolltest sowieso nichts mit mir zu
tun haben und warst nur hinter der Mariann her.*

*It was strange, after I started playing in the band, I thought we'd
get on well with each other, but it was only really when Kieran
arrived that we started to understand each other a bit better,
wasn't it?*

*Ja. Du, ich glaub, bei der Geschichte mit Kieran fang ich erst mal
an zu schreiben. Du warst ja so beschäftigt mit Fußball und
Band, daß du das sicher nicht mehr alles richtig auf die Reihe
kriegst.*

Ein guter Freund
aus falschen Zeit

Kieran. Kieran hier, Kieran da. Paddy hatte Karin oft von Kieran erzählt, so oft, daß Karin den Namen inzwischen schon als
ganz normal empfand. Kieran spielte gut Hockey, Kieran konnte phantastisch Witze erzählen, Kierans Geigenspiel war das
größte, Kieran kannte all die Namen der Fußballer aus der englischen Liga auswendig, Kieran, Kieran, Kieran. «God, Kieran
should see that», und «I wonder what Kieran would have said
about this», hatte Karin am Anfang sehr oft von Paddy gehört.
Und der einzige Brief, den Paddy überhaupt geschrieben hatte,
war auch an Kieran gerichtet gewesen. Nur in letzter Zeit war es
still um ihn geworden; Paddy hatte wohl zuviel anderes um die
Ohren. Und nun tauchte Kieran plötzlich wieder auf, aber diesmal nicht in irgendwelchen Geschichten, sondern höchstper-
sönlich.
Paddy and Karin went to Tegel airport to pick up Kieran and his
father. Then they brought them home for a meal. Kieran and his

father had to leave early for their hotel because Mr. Moloney had a meeting the next day at eight o'clock. He was in Berlin on business.

«The Germans are crazy the way they start working at the crack of dawn», he said, «after all, tomorrow is Saturday.»

Kieran war am nächsten Morgen um zehn wieder da. Die Försters und O'Connors frühstückten noch, alle vier zusammen. Das passierte nur samstags und sonntags. Das Telefon klingelte. Karin ging ran, kam bald zurück und sagte mit betont gelangweilter Stimme zu Paddy:

«It's for you, darling, it's Mariann.» Paddy blushed and went to the phone.

Maureen asked Kieran: «How is your mother keeping? You must tell her I was asking for her. I hope she's better now, after that operation.» Kieran smiled:

«Oh yes, Mrs. O'Connor, she's back to her old self again, chatting away to all the neighbours.» He paused. «Oh, and of course, she was asking for you, too», he lied. His mother hadn't wanted him to go to Berlin with his father. She said it would be better for him to have nothing to do with the O'Connors any more. And Mrs. Moloney wasn't the only one in their street who thought it was immoral of Maureen O'Connor, a widow with a half-grown son, to run after a man to Germany like that. At least the women in Wicklow didn't know she was actually living with Robert Förster. Kieran thought his mother would have a heart-attack if she heard about it.

«I don't know what kind of a memory I have», moaned Paddy when he came back into the room. «Mariann and I had planned to go to the cinema tonight. She said we arranged it two weeks ago, and I had obviously forgotten that Kieran was coming. But I've convinced her now that the four of us should meet instead. Maybe we could go to Giovanni's for an ice-cream feast.»

«That sounds good», said Kieran, «and what are we doing for the rest of the day?»

«Well», Paddy answered, «I'm free until two o'clock this afternoon. Then I have a rehearsal with my group. Karin said she'll look after you while I'm away.»

«My God, Paddy!» remarked Kieran, «you're getting very German with all that action with the group and whoever Mariann might be. I suppose you have to get up at the crack of dawn, too, to get everything done. I'm honoured that you have any time for me at all.»

Karin hatte während der Unterhaltung der beiden stumm dabeigesessen. Kieran hatte das alles sehr freundlich und ruhig gesagt und dabei gelächelt. Ob es ihn störte, daß Paddy so beschäftigt war? Sicher hatte er erwartet, die ganze Zeit mit ihm verbringen zu können. Karin fragte sich, ob Kieran vielleicht ein bißchen eifersüchtig auf Berlin war, das ihm seinen Freund zu stehlen schien.

After breakfast, Paddy and Kieran went for a walk. Kieran had to answer a hundred questions: what everyone had done in the summer holidays; if the priests were as bad as ever; how his dog, Nipper, was; who Kieran hung around with most, now that Paddy wasn't there anymore. Kieran wanted to know how Paddy was getting on in Berlin, who Mariann was; what kind of a group he played in; what school here was like. They had plenty to talk about.

Am Nachmittag spielte Karin für Kieran Fremdenführer. Sie fand es komisch, daß sie nun Paddys besten Freund durch die Gegend schleppte. Aber was soll man machen, wenn Paddy dauernd beschäftigt war: Fußball, Mariann, rockgroup, ab und an auch noch Hausaufgaben. Sie selbst hätte auch gern ein bißchen mehr von ihm gesehen.

Für Kieran fingen die Sehenswürdigkeiten gleich an der Bushaltestellte an. «My God, Karin! A bus timetable! And do the buses really come at those times?» Karin lachte und lachte und konnte kaum aufhören. Kieran vestand nicht, warum.

«Es ist ewig her, seit ich ‹My God, Karin!› gehört hab. Das sagte Paddy früher auch immer, und er hat genauso wie du auf den Busfahrplan reagiert. Das ist ja irre! Und es war mir damals alles

so peinlich», erklärte Karin. Kieran was lost. He didn't understand her, and asked if she could say it to him in English. She
tried:
«Paddy said that about the bus timetables, too», but, of course,
Kieran didn't find that anything to laugh about. These Germans must have a strange sense of humour, he thought to himself.
Der Bus war pünktlich. Beim Einsteigen stieß eine alte Frau
Kieran mit dem Ellbogen zur Seite, um vor ihm in den Bus zu
kommen.
«Phew!» he exclaimed, «are all old ladies here as brutal as
that?» Karin nickte. Sie gingen durch den Bus. Auf fast allen
Bänken war der Fensterplatz noch frei, und auf der Gangseite
saßen die alten Damen. Kieran und Karin setzten sich in die
letzte Reihe.
«Mit den Omas hier ist das wirklich schlimm», begann Karin
und unterbrach sich: «Oh, I'd better tell you in English. It's
great when you can talk about people near you, and they don't
understand. Well, the old ladies here are crazy. They all sit on
the outside seat because it's easier to get out from there. When
another old lady comes along and says: ‹Move in please, I have
to sit on the outside because I'm getting out soon›, the first one
says: ‹No, no, I have to get out soon. You must move in.› And
then they start fighting, both of them standing in the Gang, so
that nobody can pass by.» Da Karin das englische Wort für
‹Gang› nicht wußte, nahm sie einfach das deutsche und zeigte
auf den Gang. Kieran schien das gleich zu verstehen, er nickte
jedenfalls. But he didn't understand the old ladies. It was so
different from home. They were much nicer to one another
there.
Sie hakten die üblichen Sehenswürdigkeiten ab – Reichstag,
Brandenburger Tor, Mauer, Ku-Damm, Gedächtniskirche.
Vom Pflastertreten waren sie ganz schön geschlaucht. Gut, daß
wir heute abend nur ruhig rumsitzen und Eis essen, dachte Karin. Mit dem ‹ruhig› irrte sie sich jedoch gewaltig.

Dabei fing der Abend ziemlich harmlos an. Karin hatte lediglich gesagt, daß sie ihre nächste Stadtführung wahrscheinlich mal wieder für ihre Mutter machen würde. Kieran was very surprised. He had thought Karin's mother was dead.

«Your mother?» he asked. Karin antwortete: «Ja, sie wohnt in Celle. Das liegt bei Hannover. Ich habe da früher auch gewohnt, aber nach der Scheidung sind mein Vater und ich hierher nach Berlin gezogen.»

Paddy had to translate Scheidung for Kieran: divorce. Karin was the first person Kieran ever met whose parents were divorced. He told her so.

«Ach ja», sagte sie, «klar, in Irland gibt es ja keine Scheidung, nicht wahr? Kannst du dir so was vorstellen?», wandte sie sich an Mariann und fragte dann wieder Kieran. «Findest du das nicht auch doof?»

Paddy acted as translator for his friend again. «No, I don't think it's stupid», said Kieran, «I mean, in all those countries where divorce is allowed, everyone gets divorced.»

«Nicht alle», widersprach ihm Karin, «nur die, deren Ehen sowieso im Eimer sind. Die anderen bleiben zusammen.»

«But it's not many», Kieran said, «at least, not as many as in Ireland.»

«In Irland haben sie aber keine andere Wahl; sie müssen einfach zusammenbleiben», sagte Mariann und wurde dabei rot. Sie redete ungern über Scheidung. Besonders jetzt, wo ihre Eltern mitten drin steckten, und sie sich ziemlich mies fühlte.

«But do you not think that when people know they have to stay together, they try harder to be happy together?» Kieran went on. Paddy remembered the first time he ever spoke to Germans about divorce. He had been just as idealistic as Kieran was now, and he realized how little he knew about it then.

«So 'n Quatsch! Glücklich sind die, die aufhören können, bevor sie sich total kaputtmachen.» Karin schaute Kieran herausfordernd an. Es hatte lange gedauert, bis Karin zu dieser Meinung gekommen war. Als ihre Eltern sich scheiden ließen, hatte sie immer wieder gebettelt, sie sollten zusammenbleiben. Erst später, als sie mitbekommen hatte, daß es das Anschreien, Türenknallen, Nicht-nach-Hause-Kommen plötzlich nicht mehr gab und daß beide alleine sich besser zu fühlen schienen, hatte sie angefangen, die Scheidung als etwas Notwendiges zu akzeptieren. Und sie wurde jetzt immer besonders sauer, wenn andere einfach ihre theoretischen Urteile über Scheidung abließen.

«But that's so selfish. What about the children?» Kieran wouldn't give up.

«Für die ist es sicher schwierig», sagte Mariann leise, «aber mit der Zeit ist es vielleicht doch besser, als diese ewigen Streitereien mitzubekommen.»

Paddy legte seine Hand auf ihren Arm und sagte: «I think so, too.»

«You mean you agree with her that divorce isn't wrong?» asked Kieran surprised. «Paddy, what's happened to you since you've come here? You didn't think that when you were still in Ireland.»

Karin mischte sich zu Paddys Verteidigung ein: «Tja, siehste, der hat eben inzwischen mitgekriegt, daß das alles nicht so einfach ist, wie sie es euch beibringen. So was kannst du doch überhaupt nicht beurteilen, wenn du gar nichts darüber weißt. Du kannst nur das nachplappern, was sie dir in der Schule eingetrichtert haben.» Karin war immer noch sauer.

Kieran hadn't really understood what Karin was saying, but he felt that she was accusing him. «Thanks for defending me», Paddy said to Karin, «but you don't have to attack Kieran like that. It's not his fault that he has never had any practical experience with divorce. And everyone has the right to his own opinion. As they say, a doctor doesn't have to have pneumonia before he knows how to cure it.»

Karin antwortete nicht, sie zuckte nur mit den Achseln. «And anyway», this was Kieran's last attempt, «I don't care what any of you say. I've never heard of people in Ireland who want to get divorced. So maybe because there is no divorce, the people are more happily married.» He decided not to tell them what his mother freely quoted from the Bible: What God has joined together, let no man take asunder.

Hoffnungslos, dachte Karin. Gegen so ein Argument kann man nichts machen. Als wenn sie dafür wäre, daß glückliche Ehen geschieden werden sollten! Na gut, wie schön für ihn: dann waren eben alle Ehen da glücklich. The atmosphere was slightly tense as the four finished their ice-creams.

Paddy and Kieran spent the day after that together. The two of them went for a walk around the Grunewaldsee. Paddy wanted to show Kieran that there was a bit of nature in Berlin, too, but Kieran wasn't impressed by it. You just couldn't compare a little lake with hundreds of people walking queuelike around it, to miles and miles of beach where you can walk for hours without meeting anyone, with the fresh wind blowing and the smell of salt in the air. And the mountains ... But Kieran didn't need to tell his friend all this. Paddy knew exactly how it was in Wicklow, and he missed it greatly.

After he had brought Kieran back to his hotel, Paddy went home. Karin was still up.

«Ich dachte, du hättest vielleicht Lust auf 'ne Tasse Kakao und 'nen chat», sagte sie, «außerdem wollte ich hören, wie du heute mit Kieran klargekommen bist. War er noch sauer wegen gestern abend?»

«Oh, we didn't talk about that», said Paddy, «we had a great time. It's fantastic being able to talk to someone, without having to explain yourself all the time. But I think it's funny the way he gets so excited about everything.» Karin lachte:

«So wie du am Anfang? Er hat mich gestern nachmittag sehr an dich erinnert. Ich bin fast umgefallen vor Lachen, als er nicht glauben wollte, daß die Busse wirklich nach Fahrplan fahren. Du hast genauso reagiert. Es war mir damals so peinlich, und ich glaube, ich hatte sehr wenig Verständnis für dich. Das hat mir gestern nachträglich echt leid getan.»

Paddy looked at Karin and smiled. «But I must have got on your nerves at the beginning. It seemed so normal when I was in Wicklow, but somehow in Berlin it's wrong. The Berliners are so cool!»

«Ich find es gut, daß du nicht so bist», sagte Karin dazu, «du freust dich richtig über was Neues, nicht wie Theo, der immer so tut, als kenne er schon alles. Am Anfang hatte ich noch nicht kapiert, daß das ja eigentlich was Tolles ist. Da hab ich nur über deine Begeisterung gelacht und über deine Langsamkeit geschimpft – dabei bist du bloß weniger gestresst.»

«Well», laughed Paddy, «I used to think I was slow. But Kieran, my God! He eats so slowly and walks so slowly and asks ‹What's the hurry?› whenever we have to run to get the bus. He says ‹There'll be another one sometime. Take it easy.› It really got on my nerves today. I think I have speeded up a bit. But you have to in a big city. It's alright to take your time in the country or in a small town, because everyone has time. But in Berlin – you always have to rush here and there to meet people or go places. Maybe I'll just have to learn to be quick in Berlin and slow down when I go back to Wicklow.» Paddy laughed at the idea.

«Ich glaub, du wirst dich für die Leute aus Wicklow ganz schön verändert haben», sagte Karin nachdenklich, «nicht nur, weil du jetzt ein bißchen schneller bist. Denk nur mal an gestern abend, an die Sache mit der Scheidung. Hoffentlich kriegst du keine Schwierigkeiten, wenn du zurückgehst.»

«Well», said Paddy, «I can think of one thing which I will find very difficult.»

«Und das ist?» fragte Karin.

«The idea that I will have no one to drink Cocoa with, and chat to in the middle of the night.»

«Na», grinste Karin, «wer weiß. Vielleicht kommen wir mit.»

«I think that would be great», said Paddy, «really great. But I suppose all that will have to be discussed later, before we go back. And God knows when that will be ...»

A night to remember

Drei Tage vor dem großen Auftritt hörte Paddy auf zu essen. Knoten im Magen – nichts wollte rein. Obwohl er völlig mit den Nerven runter war, machte er einen besonders gelassenen Eindruck. Nur Karin wußte, daß er hinter der ruhigen Fassade auf Hochtouren lief. Und Mariann, die wußte das auch.

There were posters all over the school advertising the Schulfest. Three groups would perform for a half-an-hour each, and someone was bringing disco-equipment for the rest of the time. THE BODHRÁN BEATS was written very large on the poster. Paddy had two copies on the wall in his room already, and he had given another one to Kieran when he went back to Wicklow a week before.

Vor dem Fest wollte Cristina mit Karin eine große Schminkorgie abziehen. Aber Karin hatte diesmal keine Lust dazu.

«Find ich ja scharf», sagte Cristina, «erst mich anmachen, von wegen alles nur für Hannes tun, Make-up und so. Und jetzt machst du es genauso, bloß umgekehrt.»

Karin verstand Cristina nicht. «Wie meinst'n du das?» fragte sie.

«Nur weil Paddy neulich gesagt hat, er mag dich lieber ohne Schminke, willste nicht mehr.»

«Ist doch Quatsch!» log Karin. «Aber weißte, an dem Abend bei der blöden Disco hab ich mir so viel Mühe gegeben, und es war so 'n richtig bescheuerter Abend. Nu hab ich keine Lust mehr.»

«Tja, ja», grinste Cristina, «na, dann eben nicht.»

Paddy left the flat an hour before the Schulfest was to begin. THE BODHRÁN BEATS were going to set up the stage, the lighting and check the amplification. They also wanted to have a last run-through one of their numbers.

Als Karin ankam, war es bereits ziemlich voll. Auch Cristina und Hannes standen schon da. Cristina war anfangs noch etwas sauer und sagte: «He, da kommt ja unsere Naturschönheit», aber damit hatte es sich dann auch. Es war ziemlich laut; ein Discjockey versuchte, die Stimmung anzuheizen, aber noch tanzte niemand. Keiner von ihnen bekam Paddy zu Gesicht. Wahrscheinlich bastelte die Gruppe bis zur letzten Sekunde hinter der Bühne rum. Auch Mariann kam und stellte sich zu ihnen. Und dann ging es los.

Die erste Gruppe trat auf. DIE JUNTA hieß sie. Es waren meistens Schüler aus der Elften. Mariann und Cristina mochten ihre Musik nicht, aber die andern fanden sie nicht so schlecht.

Paddy sahen sie tatsächlich erst, als seine Band auf die Bühne kam. Mark versuchte sich als Ansager:

«So, Leute, und hier die Sensation des Abends. Eine einmalige Band in Berlin. Da ist Andy am Baß. Da Susi – lead guitar. Dann – Mensch zieh doch mal den Scheinwerfer mit, ja, gut, danke –, also dann Thomas, unser Sänger. Ich bin Mark und spiele keyboards und dann, Leute, ladies and gentlemen, der unvergleichliche Paddy O'Connor aus Wicklow in Irland, mit, ja, mit was, nicht mit 'nem Schlagzeug, nicht mit 'ner Trommel, sondern mit dem Ding da, dem Bodhrán. Leute – THE BODHRAN BEATS!»

«Mann, der quatscht vielleicht dämlich», sagte Mariann zu Karin. Die hörte kaum zu, guckte und guckte nur auf Paddy im Scheinwerferlicht und fand das ungeheuer gut. Sie wäre gestorben vor Angst, wenn sie jetzt da hätte stehen müssen, aber Paddy, dem schien das nichts auszumachen. Der stand einfach da, cool, als machte er das jeden Tag.

Paddy didn't feel great at all. He was sweating all over, his hands were shaking and he thought he would pass out any minute now. Why the hell was he here? What was he doing? A bodhrán in a rock band – was he crazy? And he couldn't even play it very well. My God! Paddy smiled. That was a ‹my God› Karin wouldn't mind. He heard Andy count: «One, two, three.»

«Mensch, guck mal, wie der lächelt. Wie 'n Profi in der Glotze!» Karin war jetzt ganz aufgeregt: «One, two, three.» Und dann fetzten sie los.

Sie kamen toll rüber. Viele tanzten, andere standen da und sahen zu. Nach jeder Nummer wurde geklatscht und geschrien. Paddy could feel himself getting a bit more relaxed. Andy winked at him; he seemed to be enjoying it, too.

Als sie zu Ende gespielt hatten, ließ man sie nicht weg. Sie mußten zwei Zugaben geben. Sie waren froh, als sie nach der zweiten runtergehen konnten – sie hatten nämlich alles gespielt, was sie überhaupt draufhatten. Eine dritte Zugabe wäre nicht dringewesen.

«Du siehst aus, als wenn du an einem großen Schlagzeug geakkert hättest», sagte Karin, and she was right. Paddy did look pretty wrecked. He felt completely exhausted, but he was happy. Seine Haare klebten an seinem Kopf, selbst wenn er ihn so richtig schüttelte. Wahnsinn, so schön kaputt war er sonst nur nach dem Fußballspielen.

«Kannst du noch?» fragte Mariann. «Klar», said Paddy, not even noticing that he answered in German.

«Na komm, dann tanzen wir doch.»

Paddy sah die beiden groß an. Karin und Mariann hatten es zur gleichen Zeit gesagt. «Oh God», he thought, «what am I going to do now?» Aber er brauchte überhaupt nichts zu tun. Karin lachte nur und schob sich in Richtung Tanzfläche durch, Mariann hinterher. These German girls! he thought, at home that situation would have produced a minor catastrophe. Well, that wasn't true, really, because he never saw a girl, never mind two at the same time, asking a fellow to dance in Ireland.

‹Easy going› ist gut. Ich wußte nicht, was ich sagen sollte, und da bin ich einfach losgegangen. Schließlich kann man ja auch ohne euch Typen tanzen.
And I thought you were so cool! Anyway, I really enjoyed that dance.

They danced for a while, till Paddy was ready to collapse. He threw himself onto a free sofa. Mariann sat down beside him, and he put his arm around her.

Karin tanzte eine Weile mit Theo. Seit Birgit sich nicht mehr für ihn interessierte, wollte Theo immer mehr mit Karin zu tun haben. Sie fand es zwar ganz nett, mit ihm zu tanzen, aber das war's dann auch. Als er mit ihr zur Pommes-Bude gehen wollte, ging sie nicht mit. Wenn er sie vor ein paar Wochen gefragt hätte, hätte sie sicher ja gesagt. Aber jetzt nicht mehr.

Mariann had to go home quite early. Paddy walked with her and came back to the party afterwards. He and Karin danced together and had a good laugh. Paddy was really glad that the concert had gone so well. Lots of people he didn't know came over to him and said they thought it was great. One girl even asked him if he would teach her to play the bodhrán.

So langsam bekamen sie Hunger. Besonders Paddy, der ja schon lange nichts mehr gegessen hatte. Sie gingen zu ihrer Kebab-Bude. Kebabs waren inzwischen zu Paddys Lieblingsessen aufgestiegen, und den Türken an der Bude kannten sie schon vom Sehen. Er war fast immer da – nur manchmal vertrat ihn sein Bruder.

An der Bude standen zwei Männer und eine Frau, alle drei hatten schon ziemlich viel getankt. Paddy bestellte zwei Kebabs. Es schien Ewigkeiten her zu sein, daß er sich nicht traute, dieses komische Zeug zu bestellen, so daß Karin alles machen mußte. Während sie warteten, hörten sie die Unterhaltung der Deutschen mit.

Paddy was shocked at their insensitivity. There they were, standing practically in front of a Turk, giving out about, and cursing the Turks:

«Mein Schwager hat seinen Job verloren», sagte die Frau, «jetzt sitzt er zu Hause, und nur meine Schwester geht noch arbeiten. Ist doch kein Leben für einen Mann. Und die Türken hier halten die Arbeitsplätze besetzt. Eine Schande ist das.»

«Ab in den Balkan, sag ich nur, wir sind viel zu human hier», pflichtete ihr einer der Männer bei und nahm einen großen Schluck aus seiner Bierflasche, «hier kassieren sie nur dickes Arbeitslosengeld und Sozialhilfe.»

«Und Kindergeld», warf der andere Mann ein, «machen massenweise Kinder und sahnen dick ab. Scheiß-Ausländer.»

Bloody bastards, thought Paddy. But he couldn't pluck up enough courage to say anything. After all, he was an Ausländer, too, and they would hear that from his German. He knew that there were Ausländer and Ausländer. No one would call an American, a Norwegian or an Irish person Kanake, for example. When people heard he was Irish, they usually smiled and said Irisch Moos, Guinness, grüne Insel, or something stupid like that. At least they meant it in a friendly way. Paddy watched the Turk behind the counter.

His back was turned to them and he was working away slicing the bread and putting the lettuce, onions and tomatoes on it, as if nothing was happening. He didn't say a word. Paddy was amazed that he didn't turn around and push those people's faces in.

Sobald ihre Kebabs fertig waren, gingen Karin und Paddy schnell weg. Eine Weile liefen sie schweigend nebeneinander her und aßen. Es war ein schöner, milder Abend, und sie waren beide in guter Stimmung gewesen, aber es dauerte noch ziemlich lange, bis ihnen die Szene an der Kebab-Bude aus dem Kopf ging.

«Duuhu, Paddy», sagte Karin.

«Yeah?»

«Du, eigentlich find ich das ganz toll, daß du hier bist.»

«Eigentlich?»

«Nee, nee, also wirklich, ich mein, obwohl das doch manchmal nicht so richtig läuft und du am Anfang all so 'n Mist gebaut hast und wie 'n Blindmann durch die Landschaft gelatscht bist.»

«Did I?» Paddy asked. «I thought I learnt pretty quickly. After all, I was in for a cultural shock.»

«Für ein was?»

«Well, that's what your Dad said to my Mum: ‹Der Junge hat halt einen Kulturschock gekriegt, der muß den ganzen Übergang erst mal verkraften.› It's not so easy moving to a strange country, you know, having to learn another language and all that.»

They kept walking and they joked about the cultural shock. Paddy machte sich über Sauerkraut, Pünktlichkeit und die verkniffenen Gesichter der Leute im Bus lustig, und Karin zog ihn mit der grünen wilden Unschuld, dem Dauerregen und den Nonnen und Priestern auf.

«In the beginning, whenever I heard them calling ‹Zurückbleiben› in the U-Bahn, I always thought to myself: I wish I was in Ireland zurückgeblieben», said Paddy half-jokingly.

«Ich bin froh, daß du trotzdem hier bei uns geblieben bist.» Karin klang auf einmal sehr ernst. Für einen Moment waren beide still. Karin wurde es ganz kribbeling im Bauch. Sie wußte nicht mehr, was sie sagen sollte.

«I'm really glad I stayed, too», said Paddy. All of a sudden he couldn't joke anymore about it. He felt his throat getting a bit tight, and he had to swallow. His knees felt a bit funny, too. Why didn't Karin say anything? Paddy turned his head and looked at her. She was staring at the ground. «Karin?» he said. She looked at him now, and he saw she was upset.

«Ist ja alles so scheißkompliziert», sagte sie.

Im nachhinein wußten sie nicht mehr, wer was zuerst gemacht hatte, nur daß sie sich in die Arme gefallen waren und sich geküßt und geküßt hatten. «Ist ja alles noch komplizierter jetzt», sagte Karin nach einer Weile leise, aber sie sah dabei ganz zufrieden aus.

Paddy replied: «Well, it's a bit confusing, but it doesn't have to be complicated.»

«Ich find es ganz schön kompliziert», sagte Karin, «ich mein, wenn du's von meiner Sicht aus siehst. Erst krieg ich so 'n Bruder, der kein richtiger Bruder ist, aber trotzdem als Teil meiner Familie bei mir wohnt. Zuerst find ich ihn ein bißchen doof, aber nach und nach gefällt er mir doch. Dann hat er eine Freundin – und auch noch so 'ne blöde Ziege, und ich find auf einmal, daß ich eifersüchtig auf sie bin, weil ich ihn für mich haben will. So was darf aber unter Geschwistern nicht vorkommen. Und nu weiß ich gar nicht mehr, was Sache ist. Ich mein, du und ich und

Mariann und unsere Eltern ... O Mann, das ist vielleicht ein Wirrwarr.» Karin war durcheinander, aber sie fühlte sich trotzdem ganz gut, weil Paddy seinen Arm um sie gelegt hatte und sie ihren um ihn.

«It's a bit funny that we're in the same family, alright», said Paddy, «and I really like Mariann. I really like you, too, and you are both so different. I mean, I could never say to Mariann: Listen Mariann, I can't have anything more to do with you because Karin and I ...»

«Because Karin and I – was?»

«Well, you know ... And, on the other hand, my being with Mariann didn't stop you tonight!»

«Stop me? He, Mister, wenn einer angefangen hat, dann doch wohl du!»

Paddy played the innocent. «Oh no, I'd never do a thing like that! Remember, I come from a good, holy, Catholic country.»

Statt einer Antwort gab ihm Karin einen Kuß. Kompliziert hin, kompliziert her, das konnte man schließlich alles ein anderes Mal aussortieren. Im Augenblick jedenfalls gab es für Karin nur noch Paddy und für Paddy nur noch Karin.

They didn't go home straight away, but walked around for a long time, chatting, with occasional smooch-knutsch interludes. Als sie nach Hause kamen, waren ihre Eltern noch auf. Sie hatten Besuch von Cris und Maria. Das war auch so ein internationales Mischpaar. Cris war ein englischer Arzt und Maria eine Berliner Journalistin.

That was the day before we started writing the book, remember? We sat down with them and they asked how the concert went and how we were getting on and everything.

Ja, und dann haben wir ungeheuer viel erzählt, und das hat Maria auf die Idee gebracht, daß wir doch alles aufschreiben könnten.

And we just laughed and thought what a silly idea it was. But the next evening we did start writing, just for the fun of it.

Und jetzt schau dir mal all die vollgekritzelten Seiten an. Wahnsinn.

Does that mean we're finished now? I mean, all we wanted to do was to write down what we told them, and we've done that now.

Wär kein schlechtes Happy-end. Karin und Paddy als glückliches Paar.

I like it. But it's not the full story. Maybe we should write down what has happened since. After all, we still have two days before I leave.

Und nu?

Am Tag nach dem Konzert fingen Karin und Paddy an zu schreiben. Sie hatten den großen Eßtisch in Karins Zimmer geschafft, an dem sie in jeder freien Minute saßen. Der Papierstapel auf dem Tisch wuchs ständig. Über die ersten zwei Wochen, in denen sie schrieben, gibt es eigentlich nichts zu berichten. Schule, Essen, Schreiben – und das jeden Tag. Die Zeit verging wie im Fluge.

One morning, around the time when they were writing about Paddy's first meeting with the group, Paddy found a note on the kitchen table in Robert Förster's handwriting. During the week, the two of them had breakfast together, with their parents already gone to work. If Maureen or Robert wanted to tell them anything, they would leave a note. This one read:

Es wurde ein sehr ungewöhnliches Frühstück. Maureen erzählte, sie habe am Donnerstag Bescheid bekommen, daß eine Verlängerung ihres Aufenthaltes in Berlin endgültig nicht in Frage komme. «You see», she told them, «the head-office in Dublin thought it was a good idea to send me here for five months. I have been trying to convince them that I should stay longer, but it seems they need me over there now.»

Karin rechnete nach. Anfang Juli hatte Maureen angefangen, in Berlin zu arbeiten. Also mußte sie Anfang Dezember wieder in Irland sein. Und jetzt hatten sie Mitte November.

«Dann habt ihr ja bloß noch zwei Wochen», stellte sie mit Schrecken fest.

Paddy turned pale. «Why haven't we talked about this before now if we have to leave in two weeks?» he asked. Robert antwortete:

«Es sah bisher so aus, als ob Maureen mindestens bis April hier bleiben könnte. Erst jetzt hat Dublin darauf bestanden, daß sie doch wie geplant zurückfahren muß.»

Alle schwiegen. Ein Samstagsfrühstück war normalerweise ein fröhliches Ereignis. Aber heute hatten sie noch nicht einmal ihren geliebten, frisch gepreßten Orangensaft ausgetrunken.

«Well», Maureen tried to cheer them up, «I must say it's a good sign that we are all so sad about it. I mean, when Paddy and I came here in July to see how we would get on with the two of you, I said to him: ‹Paddy, if we don't like it in Berlin, if it doesn't work out between Robert and me, or you and them, we'll take the next plane back to Ireland.› And look! Here we all are, nearly five months later, sad because we have to go back.»

Karin hatte schon fast vergessen, daß das alles ja eigentlich nur ein Versuch gewesen war. Maureen und Robert wollten sehen, ob sie zusammenleben wollten, und das hatte unheimlich gut geklappt. Sie machten einen sehr glücklichen Eindruck. Sicher wird es ihnen sehr schwer fallen, sich wieder zu trennen, dachte Karin. Daß auch ihr selbst und Paddy die Trennung sehr, sehr weh tun würde, damit hatte sie allerdings überhaupt nicht gerechnet.

«Do we really have to go back?» Paddy asked «I mean, is there no alternative?» Paddy never thought he would feel sad about having to go back to Wicklow. But it wasn't going back to Wicklow he was sad about, it was having to leave Karin and Berlin and Mariann. Especially Karin.

«Wenn ihr bleiben würdet, müßte Maureen ihren Job aufgeben und sich hier nach etwas Neuem umsehen», sagte Robert, «und das finden wir beide nicht gut. Schließlich macht ihr ihre Arbeit genausoviel Spaß wie mir meine. Und ich möchte meine auch nicht aufgeben.»

«Und wir», fragte Karin ihren Vater, «wir könnten nicht einfach rübergehen?» Robert Förster sah seine Tochter überrascht an. «Würdest du denn von Berlin weggehen?» fragte er. «Du hast dich doch gerade erst hier eingelebt.»

Karin war verwirrt. Da hatte sie doch soeben vorgeschlagen, Berlin zu verlassen und mit Maureen und Paddy mitzugehen. Mit Maureen? Karin hatte zwar nichts gegen Maureen, aber wegen ihr würde sie Berlin bestimmt nicht verlassen. Also ging es ihr hauptsächlich um Paddy.

Paddy was very pleased when Karin asked her father if they could go to Ireland. He would love to have Karin over there. He could cycle with her through the mountains, in the summer they could swim in the sea, she could go to school with him ... Paddy stopped. No she couldn't. He had nearly forgotten: his school in Wicklow was for boys only. Funny, what used to be the most normal thing in the world seemed so strange now. Anyway, they would have a great time together if Karin came to Ireland. His thoughts were interrupted by Robert.

«Schön, daß du auch rübermöchtest, Karin», sagte er, «Maureen und ich haben schon überlegt, ob wir nicht in Irland leben könnten. Und dabei hatte ich mir die meisten Sorgen darüber gemacht, ob du das wohl möchtest. Da sieht man's mal wieder: Man soll mit seinen Kindern sprechen und nicht einfach annehmen, sie seien der und der Meinung.»

«And», Paddy butted in, suddenly feeling hopeful, «is there a chance that you might come over?»

«Tja, weißt du», sagte Robert und lehnte sich zurück, «unsere Firma baut eine Niederlassung in Irland auf, und vielleicht kann ich da mitmachen. Nix Genaues weiß man nicht. Noch nicht. Die ganze Sache wird erst in einem halben Jahr spruchreif.»

«Also, Maureen und Paddy müssen in zwei Wochen weg, und wir wissen nicht, ob sie wiederkommen können, und wir wissen nicht, ob wir rübergehen können, und wenn, dann erst in einem halben Jahr. Stimmt das so?» fragte Karin. Ihre Stimme klang, als wollte sie jeden Moment anfangen zu weinen.

«I'm afraid so», antwortete Maureen. Sie hatte lange nichts gesagt, und sie sah sehr, sehr traurig aus. She didn't seem to like leaving Berlin at all.

Der Rest des Frühstücks verlief in ziemlich gedrückter Stimmung.

Karin und Paddy went back to their desk after that, but they couldn't write on. Bevor ihnen die Decke auf den Kopf fiel, verließen sie die Wohnung und machten einen langen Spaziergang. Am Ende hockten sie am Ufer des Grunewaldsees. Keiner von beiden konnte sich richtig vorstellen, daß Paddy in zwei Wochen wieder in Wicklow und Karin weiter in Berlin sein würde. Jeder allein.

«Für mich ist das sehr viel schlimmer», sagte Karin leise, «die ganze Wohnung halb leer, nachdem ihr weg seid, und voll von Erinnerungen.»

«That's not true», said Paddy, «I have to go back and get used to an old life as a new person. And I'll have no one who understands that. My God, Karin, I'll really miss you.»

He put his arms around Karin and held her close.

«Wer weiß», sagte Karin nach einer Weile, «vielleicht kommen wir doch nach.» They looked in silence at the ducks on the water. Then Karin smiled at Paddy and said: «Egal, was passiert – Paddy, Bruder, Kumpel, Freund –, eins steht fest: I like you – und du?»

rotfuchs Auswahl ab 12 Jahre

Frieden: Mehr als ein Wort
Gedichte und Geschichten
Herausgegeben von Hildegard Wohlgemuth

Noch nie war die Welt so gespickt mit Waffen wie heute. Die Atomsprengköpfe lagern praktisch vor unserer Tür, und es werden immer mehr. Müssen wir nicht fürchten, daß damit auch die Kriegsgefahr wächst? Ist der einzelne, der keinen Krieg will, wirklich machtlos? Diese Sammlung soll bewußt machen, was Frieden bedeutet, und wie wir ihn in täglichen kleinen Schritten erleben und erhalten können. Band 287

Hans-Joachim Mariano
Musterkind
Tagebuch eines minderjährigen Menschen

Die zwölfjährige Wonnie ist ein Musterkind. Daran können auch die aufrührerischen Reden ihrer Geschwister nichts ändern. Im Gegenteil: Als diese wegen ihres Freiheitsdrangs in Schwierigkeiten geraten, muß Vonnie ihnen mit ungewöhnlichen Mitteln zu Hilfe kommen. Band 365

Monika Sperr
Treffpunkt Froschweiher
oder Die Sache mit dem Fahrrad

An einem Weiher treffen sie zusammen: Moritz mit seinem tollen Rennrad und die drei fünfzehnjährigen Jungen. Nach einer kurzen Rempelei hauen die drei ohne das Rad ab – ein paar Tage später sitzen die Jungen im Gefängnis. Anklage: gemeinsamer schwerer Raub . . . Band 357

Jürgen Breest
Tollwut
Erzählung

Eigentlich sind Olli und Micki dicke Freunde. Und doch geraten sie immer wieder in Streit. Denn in Ollis Familie ist das Geld knapp, während Mickis Vater gut verdient. Das führt zu Spannungen zwischen den Eltern. Die wachsende Feindschaft zwischen den Erwachsenen gefährdet die Freundschaft der beiden Jungen, bis eines Tages etwas Schreckliches passiert . . . Verfilmt von Ilse Hofmann. Band 291

Renate Welsh
Ende gut – gar nichts gut
Eine heikle Freundschaft

Konstantin versteckt sich tagelang in einer Betonröhre. Sein Freund bringt ihm Essen und Decken und stiehlt Geld aus der Kasse seines Vaters, um ihm bei der Flucht ins Ausland behilflich zu sein . . . Band 354

Inge Wolf
13 ist eine Glückszahl
Jugendroman

Linda, sehr behütet aufgewachsen, hat plötzlich eine Menge Probleme allein zu bewältigen. Aber Linda hat Mut. Sie übersteht allen Kummer und wird auch in diesem Jahr, das so schlecht begann, wieder ein bißchen stärker und selbstbewußter. Band 350

Charles P. Crawford
Der Drohbrief
Eine Psycho-Geschichte

Es fing ganz harmlos an. Chad und seinen Freunden ging mal wieder die Schule und ganz besonders ihr Englischlehrer Patterson auf die Nerven. Irgend etwas mußte passieren. Ein «perfektes Verbrechen» zum Beispiel . . . Band 335

Ingeburg Kanstein

Manuel O./Ingeburg Kanstein

**Abhauen
– die letzte Chance?**

Geschichte einer Flucht

Jugendbuch

Bd. 155

Ingeburg Kanstein

**Versuch
zu leben**

Erzählung

Bd. 254

Ingeburg Kanstein

**Ich wünsch mir
einen Zirkus**

Bd. 268

Ingeburg Kanstein

**Kleiner Bruder,
große Schwester**

Jens bei der Tagesmutter

Bd. 311

Ingeburg Kanstein

**Der soll
zu uns gehören?**

Ein Bruder aus Südamerika

Bd. 338

rotfuchs Spiele- und Beschäftigungsbücher

Ernst Holtmann
Klamottenkiste
Anziehsachen zum Selbermachen

Erstaunlich, was man sich alles aus alten «Klamotten» auf den Leib schnippeln kann: Willst du eine kunterbunte Teppichjacke? Oder vielleicht eine Trappermütze aus Fellresten? – Mehr als 100 Ideen zum Selbermachen, alles für ein paar Pfennige und mit ein bißchen Lust und Fingerfertigkeit. – Für Jungen und Mädchen. Band 308

ELKE KAHLERT
FRIEDRICH KOHLSAAT
WITZE KISTE

Über 200 Seiten mit Witzen, Reimen, Rätseln, lustigen Geschichten und vielen, vielen Bildern. Die Witzekiste ist keine Mottenkiste. Zwar sind gute alte Witze dabei, aber vor allem neue: zum Schmunzeln, Leiselachen, zum Lautlachen, amüsierten Nachdenken. Tip: nicht mehr als zehn Witze nacheinander lesen. Sei der elfte noch so stark, er bringt dich nicht mehr zum Lachen. Band 253

Bernd Hof
Holger und Sigrid Sajuntz
Hände hoch!
Ideen für das Puppenspiel

Überall sind sie: Am Strand, im Sperrmüllhaufen, in der Rumpelkammer: Puppen – oder besser, Wesen mit besonderen Eigenarten. Scheppernde und schlurfende, staksige und struppige. Dieses Buch zeigt, wie man mit merkwürdigen Gegenständen spielt und wie man mit dem kleinsten Puppentheater der Welt auf Flohmarkt-Tournee gehen kann. Band 310

Elke Kahlert
Friedrich Kohlsaat
Rätsel Kiste

Kriminalkommissar Siegfried Knack ist Rätseln auf der Spur. Auf über 200 Seiten knobelt, drudelt, rätselt und rät der findige Kommissar. Die Witwe Simon hilft ihm bei seiner kniffeligen Beschäftigung. Gemeinsam knacken sie alle Rätselnüsse. Die leichten mit der linken Hand. Die schweren zähneknirschend. Am liebsten aber die lustigen. Denn bei diesem Rätselbuch darf auch gelacht werden. Band 290

Friedrich/Krug/Schniebel
Druck machen
Wie man Schülerzeitungen, Plakate und Flugblätter herstellt und verteilt

Wenn du etwas zu sagen hast, dann sag es und sorg dafür, daß möglichst viele Menschen hinhören und hinsehen. Am besten geht es mit Druck. Mit Siebdruck und Offset-Druck, mit Kopierer und Fotoapparat, mit Rubbelbuchstaben, Schreibmaschine und Filzschreiber. Auf Flugblättern und Plakaten und Postkarten, und ganz besonders gut in Schülerzeitungen. Band 314

Elke Kahlert
Friedrich Kohlsaat
Zauber Kiste

In dieser «Zauberkiste» stecken: Knalltüten und Schmuggelkarten, hüpfende Armreifen und haarige Sachen, spielende Gaukler und kochende Hexen, eine Leseratte, ein Bücherwurm und noch viele äußerst geheime Geheimnisse. So wie ein echter Zaubermeister Tauben und Kaninchen aus dem Hut holt, so kann der Zauberlehrling mit ein wenig Simsalabim alles aus der Kiste zaubern. Band 319

Evi und Hans-Jörg Langenfass
Comic-Kochbuch
Heiße und kalte Tips für Koch-Snoopys und Katastrophenköche

Wer weiß, wie man «Kalten Hund» zubereitet oder «Plombenzieher» herstellt? Wer weiß, daß es außerdem Süßigkeiten und Leckereien gibt, die auch noch gesund sind? – Diese Küchen-Comics enthalten viele Anregungen für Schulpausenbrote, Picknicks und Parties, für Ausflüge und Naschnachmittage mit Freunden. Band 212